코바늘로 뜨는

레이스 꽃 100송이

코바늘로 뜨는

레이스 꽃 100송이

케이틀린 새니오 지음 | 조진경 옮김

J&p

레이스 꽃 100송이

지은이 | 케이틀리 새니오
옮긴이 | 조진경
펴낸이 | 한병화
편 집 | 신소희
디자인 | 마가림

초판 인쇄 | 2013년 8월 15일
초판 발행 | 2013년 8월 30일

펴낸곳 | 도서출판 J&P
등 록 | 2003년 12월 2일(제 300-2003-214호)
주 소 | 서울시 종로구 평창동 296-2
(서울특별시 종로구 평창2길 3, (평창동))
전 화 | 02-396-3040
팩 스 | 02-396-3044
전자우편 | webmaster@yekyong.com
홈페이지 | http://www.yekyong.com
ISBN 978-89-90651-28-0(13590)

100 lace flowers to crochet
ⓒ 2013 Quarto Publishing plc
Korean translation copyright ⓒ 2013 Joy&Pleasure Press Co.
All right reserved.

이 책의 한국어판 저작권 및 출판권은 에이전시 원을 통한
저작권자와의 독점 계약으로 도서출판 J&P에 있습니다.
신저작권법에 의해 한국 내에서 보호를 받는 저작물이므로
무단전재와 복제를 금합니다.

정신적 즐거움(Joy), 몸의 즐거움(Pleasure)
모두를 추구하는 도서출판 J&P는
도서출판 예경의 출판 브랜드입니다.

책값은 뒤표지에 있습니다.

차 례

머리말	7
이 책에 대하여	8-9
1 시작하기 전에	**10**
재료와 도구	12
기호와 약어	13
코바늘뜨기의 기초	14
줄기와 잎사귀	19
2 완성 작품들 보기	**22**
3 실전 뜨기	**44**
초급 디자인	46
중급 디자인	61
고급 디자인	86
4 응용하기	**114**
작품 01 ǀ 가을 분위기의 식탁	116
작품 02 ǀ 화사한 코르사주	117
작품 03 ǀ 크리스마스 장식	118
작품 04 ǀ 꽃나무 실내조명	120
작품 05 ǀ 꽃줄	121
작품 06 ǀ 봄날의 티타임	122
작품 07 ǀ 아기 덧신	124
작품 08 ǀ 꽃밭 쿠션	125
찾아보기	126
저자/역자 소개	128

머리말

내가 어렸을 때 살던 곳은 주위에 나무가 많고 들판에는 블루베리가 주렁주렁 열려 있었습니다. 그래서 바깥에서 꽃을 따고, 잠자리를 잡으러 다니며, 나뭇잎을 모으면서 어린 시절부터 자연스럽게 자연에 매료되었습니다. 그리고 그 후로도 자연에 대한 흥미는 사라지지 않았습니다. 코바늘뜨기를 배우면서 코바늘로 뜬 모양이 자연의 형태와 비슷하다는 것을 알고 흥분했답니다. 코바늘을 몇 번 움직여서 가장자리가 톱니 모양인 나뭇잎, 꽃잎들이 겹쳐진 꽃송이, 부드럽게 곡선을 그리는 나비의 날개 등을 만들고서 한참 들여다보곤 했지요.

이 책에는 제가 좋아하는 꽃과 나뭇잎, 곤충을 만드는 패턴들이 실려 있습니다. 튤립, 해바라기, 담쟁이, 단풍잎 등의 여러 디자인에는 자연 그대로의 색과 다양성이 반영되어 있어요. 간단하게 레이스실로 꽃송이 몇 개를 뜨든 아니면 여러 가지 패턴들로 정원을 만들든, 풍부한 영감과 자극을 받을 수 있을 겁니다. 이제 몇 가지 색의 실을 준비해서, 마음에 드는 의자에 앉아 코바늘뜨기를 즐겨 보세요!

케이틀린 새니오

이 책에 대하여

이 책은 코바늘로 뜰 수 있는 예쁜 꽃 패턴 100가지와 이를 멋지고 참신하게 활용하는 아이디어들을 소개합니다. 각각의 패턴들로 옷, 선물, 액세서리, 가정용품 등 다양한 물건을 아름답게 꾸밀 수 있습니다.

1장 : 시작하기 전에 (10-21쪽)

처음에는 도구와 기호, 약어, 용어, 그리고 본문에 설명된 주요 코바늘뜨기법부터 짧게 설명합니다. 코바늘뜨기 초보자든 혹은 기억을 되살려보아야 하는 경험자든, 이 장에서 필요한 노하우를 얻을 수 있을 거예요.

2장 : 완성 작품들 보기
(22- 43쪽)

2장에서는 아름다운 꽃 100송이를 실물 크기로 보여드립니다. 감상하면서 디자인을 고른 후, 3장에 실린 해당 패턴과 뜨는 법을 보면 됩니다.

꽃마다 번호가 표시되어 있어 3장 실전 뜨기(44-113쪽)에서 패턴을 쉽게 찾을 수 있답니다.

이 책에 실린 꽃들은 실제 크기에요. 따라서 같은 쪽의 다른 꽃들과 비교해 보면 그 꽃의 크기와 비율을 알 수 있어요.

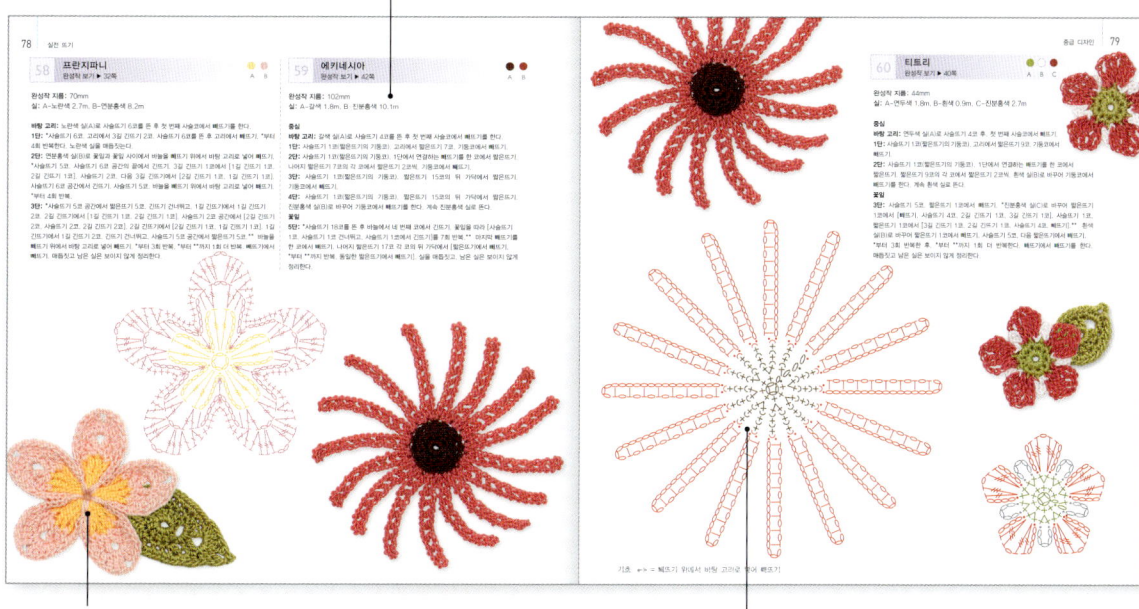

꽃마다 뜨는 법이
자세하게 설명되어 있어요.

완성된 실물 크기 꽃

꽃마다 설명뿐만 아니라
패턴이 실려 있어요.

3장: **실전 뜨기** (44-113쪽)

3장에서는 2장에서 살펴본 꽃들을
실제로 뜨는 법을 하나씩 자세히
알려줍니다. 꽃마다 패턴과
완성 사진, 설명이 실려 있어요.
패턴과 설명 두 가지를 모두
참조한다면 더욱 편리하겠죠.
모든 꽃은 10수 레이스실과 5호
(1.90mm) 바늘로 떴습니다. 또한
초급·중급·고급 단계로 나누어
순서대로 소개되어 있답니다.

4장: **응용하기** (114-125쪽)

이 책에 소개된 꽃들은 정교하고
알록달록하여 옷, 선물, 실내 장식
등에 활용하면 더욱 아름다워요.
4장에 제시된 작품들을 보고
아이디어를 얻어 다양한 방법으로
활용해보세요.

확대사진을 통해
어떻게 만들고 적용했는지
자세히 볼 수 있어요.

1장 시작하기 전에

1장에서는 이 책에 소개된 꽃과 나뭇잎, 곤충을 뜨는 데 필요한
도구와 재료, 패턴은 물론 코바늘뜨기법까지 자세히 설명합니다.

재료와 도구

코바늘로 꽃을 뜰 때의 가장 큰 장점은
거창한 재료나 도구가 필요하지 않다는 점입니다.
스테인리스 코바늘과 몇 가지 밝은 색 실, 잘 드는 가위만 있으면
바로 시작할 수 있어요.

코바늘뜨기용 실

이 책의 꽃들은 모두 코바늘뜨기용 면사로 뜬 것입니다. 코바늘뜨기용 실은 3호부터 100호까지 있는데, 호수가 클수록 가늘어집니다. 실이 굵을수록 뜨기가 쉽기 때문에 이 책에서는 비교적 굵은 10호 실을 사용했어요. 좀 더 작고 가벼운 꽃을 뜨고 싶으면 가는 실과 코가 작은 바늘로 떠보세요. 혹은 레이스 웨잇 모사(뜨개실 분류상 가장 가는 종류. 보통 50그램당 길이 500미터―옮긴이)나 자수실로 더욱 정교한 작품을 만들어보는 건 어떨까요.

가위

실 끝을 다듬으려면 작고 끝이 뾰족한 가위가 좋아요.

코바늘

실을 이용해서 코바늘뜨기를 하려면, 작은 스테인리스 코바늘이 필요합니다. 이 책에 소개된 꽃들은 1.90mm(5호) 바늘로 만들었지만, 10호 실에는 1.65mm(7호)나 1.5mm(8호) 바늘을 추천하는 패턴들이 많습니다. 뜨개질하는 사람에 따라 편물이 촘촘하기도 하고 느슨하기도 한 것처럼, 사용하는 실의 두께도 다양합니다. 그러므로 추천된 코바늘 호수는 코바늘뜨기를 처음 시작할 때만 참고하면 됩니다. 이런 꽃 패턴은 선택한 실에 꼭 맞는 코바늘을 사용해야 편안하게 뜰 수 있습니다.

기호와 약어

각각의 패턴을 뜨는 방법 설명에 사용된 기호와 약어, 용어들을 살펴보아요.

패턴에서 사용되는 기본 기호

	사슬뜨기	ch
	빼뜨기	ss
	짧은뜨기	dc
	긴뜨기	htr
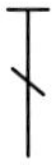	1길 긴뜨기	tr
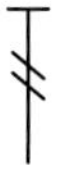	2길 긴뜨기	dtr
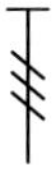	3길 긴뜨기	trtr

 아랫단 코의 앞 가닥에서 뜨기

 아랫단 코의 뒤 가닥에서 뜨기

 걸어뜨기. 코의 기둥을 감아서 뜹니다.

 단이나 원형뜨기의 시작점이 잘 구별되지 않을 때 시작점을 나타냅니다.

넣어뜨기

아래에서 위로 갈라지는 기호는, 하나의 코 또는 공간에 바늘을 넣어 떠서 코를 늘린다는 표시입니다. '다음 코에서 코를 그 수만큼 뜬다'또는 단을 시작할 때 '바로 밑 코에서 코를 그 수만큼 뜬다'라는 뜻이지요.

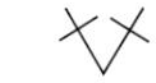 짧은뜨기 2코 넣어뜨기

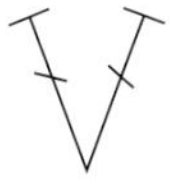 1길 긴뜨기 2코 넣어뜨기

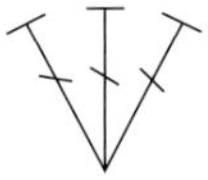 1길 긴뜨기 3코 넣어뜨기

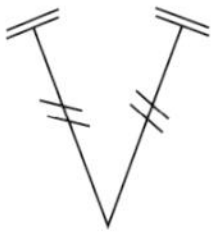 2길 긴뜨기 2코 넣어뜨기

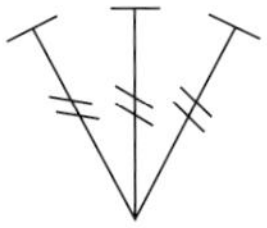 2길 긴뜨기 3코 넣어뜨기

모아뜨기

위에서 아래로 갈라지는 기호는, 여러 코를 모아 코를 줄이라는 뜻입니다. 모아뜨기를 구성하는 각 기호의 코(1길 긴뜨기, 2길 긴뜨기 등)를 뜰 때는 마지막 랩(wrap, 바늘에 실을 감아 고리 사이로 빼뜨기)을 하지 않고 미완성 코를 바늘에 걸어놓습니다. 이렇게 하면 바늘에 미완성 코를 위한 고리와 원래 고리가 남죠. 실을 바늘에 감아 모든 고리를 한 번에 빼뜨면 모아뜨기가 완성됩니다.

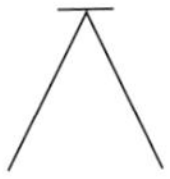 짧은뜨기 2코 모아뜨기

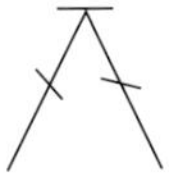 1길 긴뜨기 2코 모아뜨기

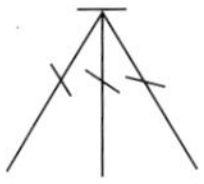 1길 긴뜨기 3코 모아뜨기

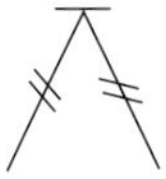 2길 긴뜨기 2코 2코 모아뜨기

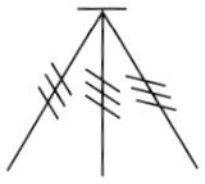 3길 긴뜨기 3코 모아뜨기

구슬뜨기

모아뜨기(왼쪽 참조)와 같지만, 하나의 코에서 또는 하나의 공간에서 여러 코를 뜬 후 한번에 모아 뜬다는 점이 달라요.

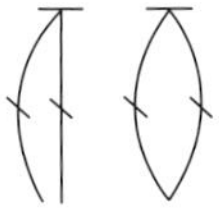 1길 긴뜨기 2코 구슬뜨기

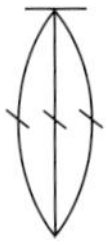 1길 긴뜨기 3코 구슬뜨기

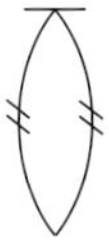 2길 긴뜨기 2코 구슬뜨기

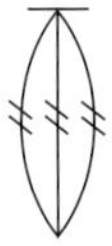 2길 긴뜨기 3코 구슬뜨기

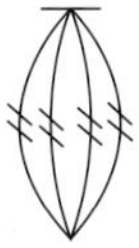 2길 긴뜨기 4코 구슬뜨기

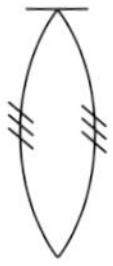 3길 긴뜨기 2코 구슬뜨기

코바늘뜨기의 기초

여기에서는 코바늘뜨기를 처음 하거나 기초를 복습하고 싶은 독자들을 위해, 이 책에서 사용된 코를 뜨는 법에 대해 설명하려고 합니다. 코바늘뜨기를 한 번도 해보지 않은 독자라면 처음에는 굵은 코바늘과 중간 두께의 털실로 시작해보세요. 그리고 익숙해지면 코바늘용 실로 바꾸어 떠보세요.

매듭짓기

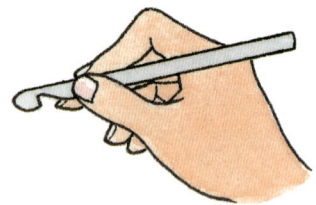

1 그림처럼 펜을 잡듯이 코바늘을 잡는 법은 가장 널리 사용되는 방법입니다. 오른손 엄지손가락 끝 중앙과 집게손가락으로 코바늘의 편평한 부분을 잡으세요.

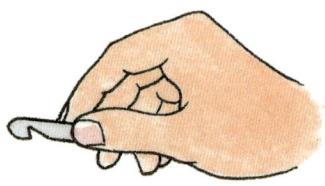

2 또 다른 방법으로, 레스토랑에서 나이프를 잡는 것처럼 코바늘을 잡고 오른손 엄지손가락과 집게손가락 사이에 코바늘의 편평한 부분이 오게 하는 방법도 있습니다.

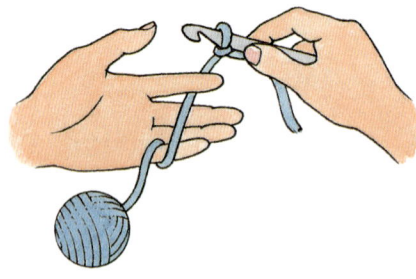

3 오른손 엄지손가락으로 실의 짧은 끝을 잡아 고정해서 뜨는 실이 너무 팽팽하거나 느슨하지 않게 합니다. 실 뭉치에서 풀려나오는 실은 왼손 새끼손가락에 한 번 감고 왼손 집게손가락 위로 돌려 고리 모양을 만들어서 왼손 가운뎃손가락과 엄지손가락으로 잡습니다. 왼손잡이라면 왼손으로 코바늘을 잡고 오른손으로 실을 잡습니다.

매듭짓는 법

1 그림과 같이 실로 고리를 만들고 코바늘을 고리 안으로 집어넣어 실을 잡아 빼서 코바늘에 고리를 겁니다.

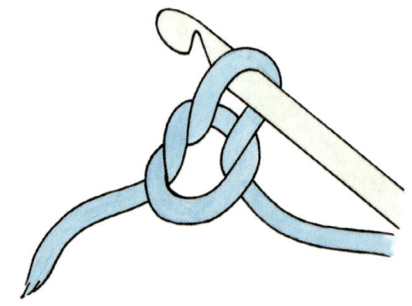

2 실을 살살 당겨서 고리를 죄어 매듭을 완성합니다.

바탕 사슬코(CH) 뜨기

바탕 사슬코 뜨기는 대바늘뜨기의 코 만들기와 같습니다. 뜨려는 패턴에서 필요한 만큼 사슬코를 뜨는 것이 중요해요. 사슬코의 앞에 있는 V 모양 고리 하나를 사슬코 하나로 계산합니다. 이때 바늘에 걸린 고리는 세지 않도록 합니다. 한편, 코를 뒤집어서 뒤에서 세면 더 쉬워요. 사슬코에 바늘을 넣어 첫 단(기초단이라고 합니다)을 뜰 때는 취향에 따라 바늘을 실 한 가닥 또는 두 가닥 아래로 넣습니다.

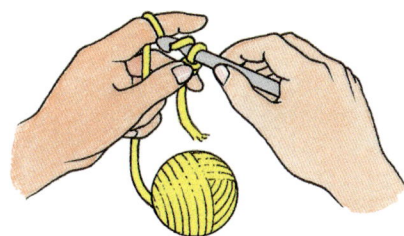

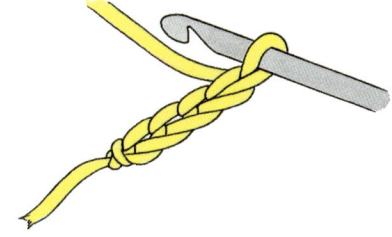

1 오른손에는 매듭짓기한 바늘을, 왼손으로는 실을 잡고서 바늘에 실을 감습니다. 실을 끌어당겨서 새 고리를 만들어 첫 번째 사슬코를 만듭니다.

2 바늘에 걸린 고리 사이로 실을 잡아 빼 새 고리를 만드는 이 단계를 반복하면서 원하는 길이만큼 사슬코를 만들어요. 두세 코 뜬 후에는 사슬코를 잡은 왼손 엄지와 집게손가락을 위로 옮겨서 실의 팽팽한 정도를 유지합니다. 사슬코에 바늘을 넣을 때에는 취향에 따라 실 한 가닥 또는 두 가닥 아래에 넣어요. 한 가닥 아래에 넣으면 가장자리가 느슨해지고, 두 가닥 아래에 넣으면 가장자리가 팽팽해진답니다.

빼뜨기(SL ST)

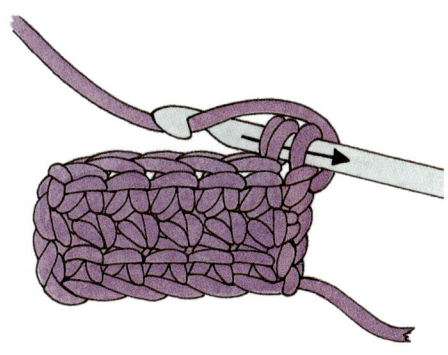

빼뜨기는 코바늘뜨기의 코 중에서 높이가 가장 낮아요. 주로 원형뜨기를 할 때, 두 편물을 꿰맬 때, 코바늘과 실의 위치를 옮길 때 사용해요. 원하는 코의 앞에서 뒤로 바늘을 넣은 후, 실을 감아서 코와 바늘에 걸린 고리 사이로 한꺼번에 잡아 뺍니다. 바늘에는 고리 하나만 걸려 있고 빼뜨기 한 코가 만들어졌어요.

짧은뜨기(DC)

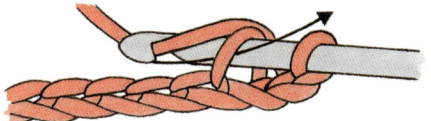

1 바탕 사슬코(왼쪽 참조)로 시작해서 바늘에서 두 번째 코에 바늘을 앞에서 뒤로 넣습니다. 바늘에 실을 감아서 첫 번째 고리로 잡아 빼면, 바늘에 두 코가 남아 있어요.

2 바늘에 실을 감아서 두 고리로 잡아 빼서 코를 완성합니다. 이렇게 하면 바늘에는 한 코만 남게 되죠. 이런 식으로 코마다 짧은뜨기를 합니다.

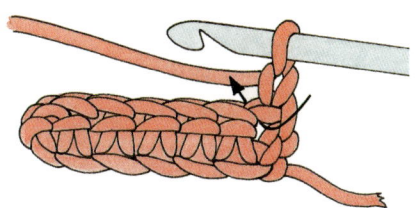

3 한 단이 끝나면 편물의 방향을 돌려서 기둥코 한 코를 뜹니다(이때 이 사슬코는 코로 세지 않는다는 점을 명심하세요). 바늘을 첫 번째 짧은뜨기에 넣어 두 번째 단을 시작해서 첫 번째 단의 코마다 짧은뜨기를 합니다. 단의 끝코에서 마지막 짧은뜨기를 할 때 기둥코에 뜨지 않도록 주의합니다.

긴뜨기(HTR)

1 바탕 사슬코(15쪽 참조)로 시작해서, 바늘에 실을 감아 바늘에서 세 번째 코에 바늘을 넣습니다.

2 실을 사슬코로 잡아 빼면 바늘에는 고리 세 개가 남습니다. 바늘에 실을 감아 바늘에 걸린 고리 세 개를 한꺼번에 빼면 바늘에는 고리 한 개만 남습니다. 이렇게 하면 긴뜨기 한 코가 완성되지요.

3 이런 식으로 단을 따라서 사슬코마다 긴뜨기를 합니다. 한 단이 끝나면 편물의 방향을 돌려서 사슬코 두 코를 떠서 기둥코를 세웁니다. 첫 번째 코를 건너뛰고 전 단에서 뜬 각 코에서 긴뜨기를 합니다. 단의 끝코에서 기둥코의 맨 윗코에 마지막 긴뜨기를 합니다.

1길 긴뜨기(TR)

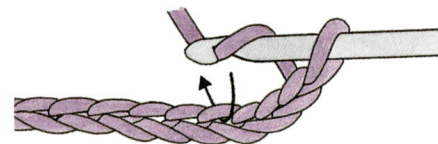

1 바탕 사슬코(15쪽 참조)로 시작해서, 바늘에 실을 한 번 감아 바늘에서 네 번째 코에 바늘을 넣습니다.

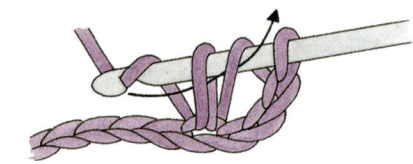

2 실을 사슬코로 잡아 빼면 바늘에 걸린 고리는 세 개입니다. 다시 바늘에 실을 감아서 고리 두 개를 잡아 빼면 바늘에는 고리 두 개가 남게 되지요.

3 바늘에 실을 감아 바늘에 걸린 고리 두 개를 잡아 빼면 바늘에는 고리 한 개만 남습니다. 이렇게 하면 1길 긴뜨기 한 코가 완성됩니다. 단을 따라서 사슬코마다 1길 긴뜨기를 합니다. 한 단이 끝나면 사슬코 세 코를 떠서 기둥코를 세웁니다. 첫 번째 코를 건너뛰고 전 단에서 뜬 각 코에서 1길 긴뜨기를 합니다. 단의 끝코에서 기둥코의 맨 윗코에 마지막 1길 긴뜨기를 합니다.

2길 긴뜨기(DTR)

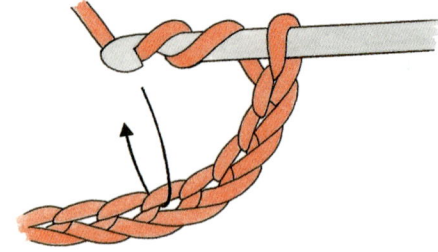

1 바탕 사슬코(15쪽 참조)로 시작해서, 바늘에 실을 두 번 감아 바늘에서 다섯 번째 코에 바늘을 넣습니다.

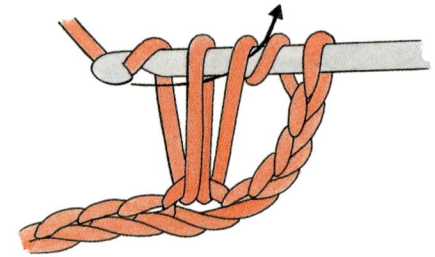

2 실을 사슬코로 잡아 빼면 바늘에는 네 개의 고리가 남아 있습니다. 다시 바늘에 실을 감아서 고리 두 개를 잡아 빼면 바늘에는 고리 세 개가 남게 되지요.

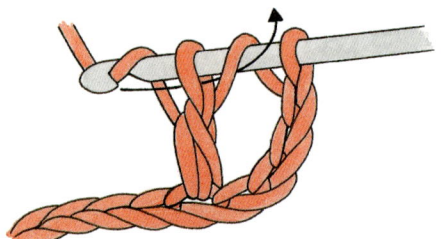

3 다시 바늘에 실을 감아서 바늘에 걸린 고리 두 개를 잡아 빼면 바늘에는 고리 두 개가 남아 있습니다.

원형뜨기

꽃 뜨기는 대부분 원형뜨기로 합니다. 그러므로 바탕 고리(foundation ring)라고 불리는 가운데 고리에서 바깥을 향하여 떠야 합니다.

4 다시 바늘에 실을 감아서 나머지 고리 두 개를 잡아 빼면 바늘에는 고리 한 개만 남습니다. 이렇게 하면 2길 긴뜨기 한 코가 완성됩니다.

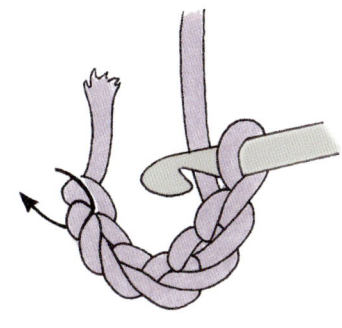

● 바탕 고리 만들기

패턴에 표시된 대로 바탕 사슬코(15쪽 참조)를 짧게 뜹니다. 첫 번째 사슬코에서 빼뜨기로 바탕 사슬코를 연결하여 고리를 만듭니다.

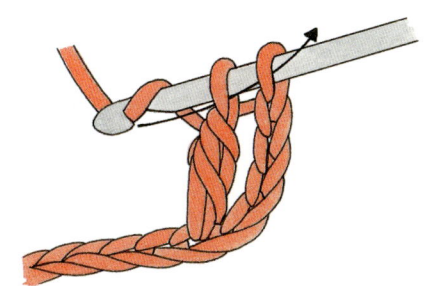

5 단을 따라서 사슬코마다 2길 긴뜨기를 합니다. 한 단이 끝나면 사슬코 네 코를 떠서 기둥코를 세웁니다. 첫 번째 코를 건너뛰고 전 단에서 뜬 각 코에서 2길 긴뜨기를 합니다. 단의 끝코에서 기둥코의 맨 윗코에 마지막 2길 긴뜨기를 합니다.

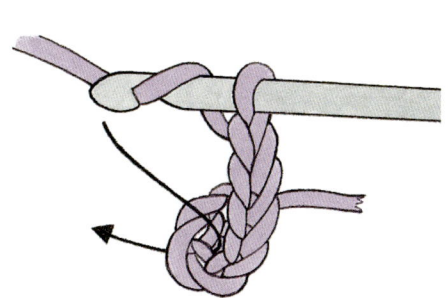

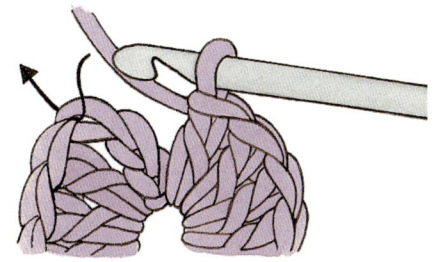

● 고리에서 뜨기

1 패턴에 명시된 대로 기둥코를 세웁니다. 이 그림에서는 1길 긴뜨기라서 사슬코 세 코를 뜹니다. 매번 바늘을 고리 가운데에 넣어 패턴에 명시된 수만큼 1길 긴뜨기를 뜹니다. 단의 끝에서 코 수가 맞는지 세어 봅니다.

2 기둥코의 위 코에서 빼뜨기를 하여 고리를 연결합니다.

마지막 단 완성하기

가장자리를 깔끔하게 하려면, 마지막 단을 15쪽에서 설명한 빼뜨기로 연결하는 것보다 첫 코와 마지막 코를 함께 바느질하여 마무리하는 것이 좋습니다.

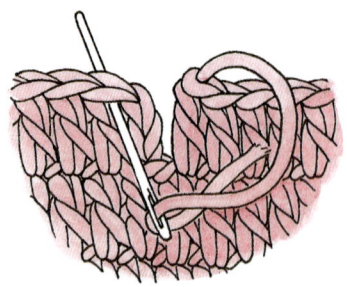

1 10센티미터 정도의 실을 남기고 자른 후, 마지막 코로 잡아 뺍니다. 편물의 겉면이 앞을 향하게 놓고, 돗바늘에 실을 꿰어 기둥코 옆 코의 두 가닥 아래로 돗바늘을 꽂습니다.

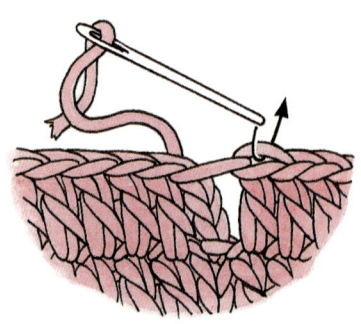

2 바늘을 잡아 뺀 후 단의 마지막 코 중심에 넣습니다. 뒷면에서 바늘을 잡아당기면 새로운 코가 만들어집니다. 코가 단에 가까워지도록 실을 당겨서 코의 길이를 조절한 후, 정상적인 방법으로 뒷면에서 보이지 않게 정리합니다.

코의 앞 가닥과 뒤 가닥에서 뜨기

패턴에서 별다른 지시 사항이 없다면, 전 단에서 뜬 코의 두 가닥 아래로 바늘을 넣어 뜨는 것이 일반적입니다.

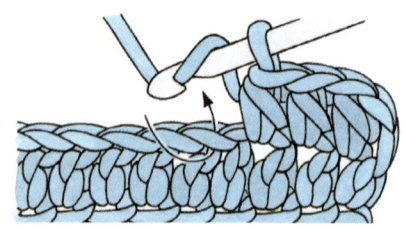

● **코의 앞 가닥에서 뜨기**

코의 앞 가닥에서 뜨라고 설명되어 있을 때에는 바늘을 전 단에서 뜬 코의 앞 가닥 아래로만 넣어 뜹니다.

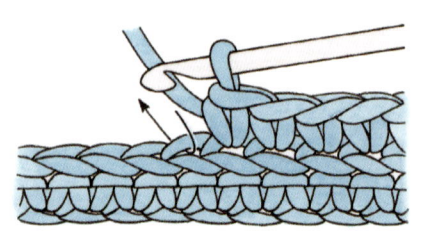

● **코의 뒤 가닥에서 뜨기**

바탕 사슬코(15쪽 참조)로 시작해서, 바늘에 실을 두 번 감아 바늘에서 다섯 번째 코에 바늘을 넣습니다.

실 색깔 바꾸기

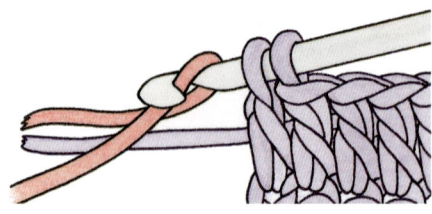

1 바꾸기 전의 색실로 뜬 마지막 코를 미완성 상태로 둡니다. 그러면 바늘에 고리 두 개가 걸려 있게 되지요. 그 상태에서 바꿀 색실을 바늘에 겁니다.

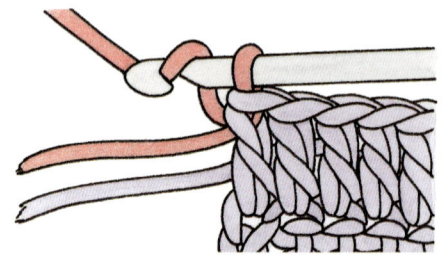

2 바꾼 색실을 잡아 빼서 코를 완성하고 계속 뜨개질을 합니다. 그림은 1길 긴뜨기 단에서 실 색깔을 바꾸는 모습입니다. 짧은뜨기나 그 밖의 다른 뜨기를 할 때도 방법은 같아요.

모양 잡기

꽃잎이 아주 넓거나 긴 꽃은 뜨개질을 해놓으면 처음에는 안쪽으로 말리거나 뒤틀리는 경향이 있습니다. 이럴 경우에는 꽃을 차가운 물에 담갔다가 원하는 모양으로 잡아 다림질한 후 수건 위에 놓고 말리면 모양을 유지할 수 있습니다.

줄기와 잎사귀

작품에 따라 꽃에 줄기와 잎사귀를 달아주고 싶을 때가 있습니다. 줄기와 잎사귀를 뜨는 방법은 여러 가지가 있지만, 이 책에서는 꽃에 맞게 변형시킬 수 있는 줄기와 잎사귀 패턴, 그리고 모든 꽃에 일반적으로 어울리는 잎사귀 패턴들을 소개합니다.

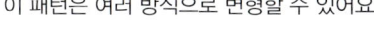

작은 잎사귀들이 달린
카모마일 (55쪽)

변형할 수 있는 줄기와 잎사귀 패턴

뜨려는 꽃에 맞게 변형시켜보세요.

아래 줄기: 원하는 길이만큼 사슬뜨기를 합니다.
오른쪽 잎사귀: 사슬뜨기 2코를 떠서 잎줄기를 만듭니다. 사슬뜨기 8코를 뜬 후 바늘에서 여덟 번째 코에서 빼뜨기를 하여 고리를 만듭니다. 줄기 밑으로 실을 통과시켜 고리에서 [짧은뜨기 3코, 긴뜨기 1코, 1길 긴뜨기 1코, 사슬뜨기 3코, 1길 긴뜨기 1코, 긴뜨기 1코, 짧은뜨기 3코]를 뜹니다. 고리를 만들기 위해 빼뜨기를 한 코와 잎의 줄기를 만든 사슬뜨기에서 빼뜨기를 합니다.
위 줄기: 꽃송이 뒷면에 붙일 수 있는 정도의 길이로 사슬뜨기합니다(최소 6코). 꽃송이 뒷면에서 빼뜨기를 하여 붙입니다(작품에 따라 따로 바느질을 하거나 접착제로 붙일 수 있습니다). 사슬뜨기 1코. 바늘에서 세 번째 코부터 시작하여 줄기를 따라 빼뜨기를 하며 내려가다가, 원하는 위치에서 왼쪽 잎사귀를 뜨기 시작합니다.
왼쪽 잎사귀: 오른쪽 잎사귀와 같습니다.
아래 줄기: 줄기의 남은 코에서 빼뜨기를 합니다. 실을 매듭짓고, 남은 실은 보이지 않게 정리합니다.

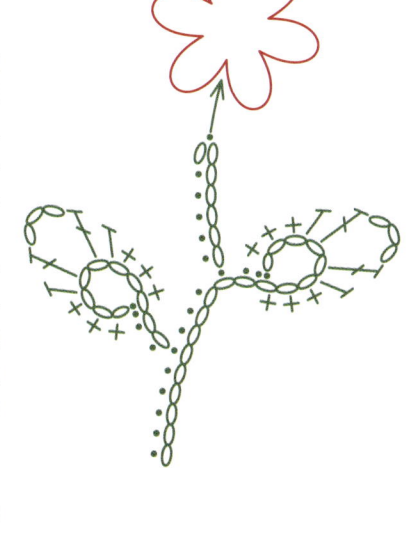

이 패턴은 여러 방식으로 변형할 수 있어요.

- 양쪽에 잎사귀를 한 개 혹은 여러 개 만듭니다.
- 잎사귀를 좀 더 크게 혹은 작게 만듭니다. 잎사귀의 바탕 고리 크기를 바꾸고 고리에서 뜨는 코의 수를 늘리거나 줄이면 된답니다. (일반적으로 바탕 고리의 사슬코보다 2코 더 뜨면 됩니다. 예를 들어 바탕 고리의 사슬코가 6코라면 고리에서 뜨는 코의 수는 8코가 적당합니다.)
- 잎사귀의 모양을 바꿉니다. 이 경우 뜨는 코를 바꾸면 되지요. 위 패턴에서는 짧은뜨기, 긴뜨기, 1길 긴뜨기를 차례대로 사용했지만, 짧은뜨기로만 뜨면 더 작고 둥근 잎을 만들 수 있고, 2길 긴뜨기처럼 키가 큰 코로 뜨면 더 크고 편평한 잎사귀를 만들 수 있습니다.
- 작고 편평한 잎사귀를 떠봅니다. 이 경우 바탕 고리를 만드느라 수고할 필요 없이 84쪽의 '화살나무 가지'처럼 잎사귀를 만듭니다(이 패턴은 끝에서 피코picot뜨기를 하거나 작은 고리를 만들어서 끝이 뾰족한 잎사귀를 만드는 방법도 보여줍니다).
- 작은 잎사귀 여러 개를 한 줄기에 붙여봅니다. 이렇게 하면 나뭇잎 여러 장이 모인 형태를 만들 수 있어요.

커다란 잎사귀가 달린
주홍조밥나물 (51쪽)

일반적인 잎사귀 패턴

특정 식물의 잎사귀가 아니라, 이 책에 실린 모든 꽃과 무난하게 어울리는 잎사귀들입니다. 2장에서 특별히 언급되지 않은 잎사귀들의 패턴은 여기에서 찾아보세요.

완성 길이 : 35mm
필요한 실 : 녹색, 1.8m

바탕 고리: 사슬뜨기 5코, 1코에서 빼뜨기
1단: 사슬뜨기 3코(1길 긴뜨기의 기둥코). 고리에서 [1길 긴뜨기 5코, 사슬뜨기 3코, 1길 긴뜨기 5코]. 기둥코의 셋째 코에서 빼뜨기.
2단: 사슬뜨기 1코(짧은뜨기의 기둥코). 1길 긴뜨기 5코의 각 코에서 짧은뜨기 2코. 사슬뜨기 3코에서 [긴뜨기 2코, 사슬뜨기 3코, 긴뜨기 2코]. 1길 긴뜨기 5코의 각 코에서 짧은뜨기 2코. 기둥코에서 빼뜨기.
줄기: 사슬뜨기 4코. 2코 건너뛰고 줄기 따라 나머지 2코에서 빼뜨기. 잎사귀가 시작되는 사슬코에서 빼뜨기. 실을 매듭짓고, 남은 실은 보이지 않게 정리한다.

완성 길이 : 121mm
필요한 실 : 녹색, 4.6m

바탕 고리: 사슬뜨기 44코
1단: 사슬뜨기 2코(긴뜨기의 기둥코). 바늘에서 네 번째 코에서 시작해서 42코에서 긴뜨기. 다음 사슬코에서 [긴뜨기 2코, 사슬뜨기 5코를 뜬 후 바늘에서 네 번째 코에서 빼뜨기를 하여 고리 형성, 사슬뜨기 1코, 긴뜨기 2코]. 사슬코 43코의 다른 가닥에서 긴뜨기. 실을 매듭짓고, 남은 실은 보이지 않게 정리한다.

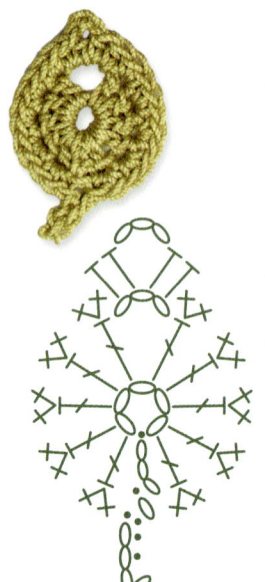

완성 길이 : 64mm
필요한 실 : 녹색, 2.7m

바탕 고리: 사슬뜨기 15코
1단: 1코 건너뛰고 사슬뜨기 13코의 한 가닥에서 짧은뜨기. 마지막 사슬코에서 [짧은뜨기 1코, 사슬뜨기 3코, 짧은뜨기 1코]. 13코의 다른 가닥에서 짧은뜨기. 잎사귀가 시작되는 사슬코에서 빼뜨기.
2단: 사슬뜨기 1코(짧은뜨기의 기둥코). 사슬뜨기 3코를 뜬 후 마지막 빼뜨기한 코에서 짧은뜨기. * 짧은뜨기 2코에서 짧은뜨기, 짧은뜨기 3코에서 1길 긴뜨기, 짧은뜨기 4코에서 2길 긴뜨기, 짧은뜨기 3코에서 1길 긴뜨기, 짧은뜨기 2코에서 짧은뜨기. ** 사슬뜨기 3코에서 [짧은뜨기 1코, 사슬뜨기 4코, 짧은뜨기 1코]. *과 ** 1회 반복. 기둥코에서 빼뜨기.
줄기: 사슬뜨기 3코에서 빼뜨기. 사슬뜨기 6코. 2코 건너뛰고 줄기 따라 나머지 4코에서 빼뜨기. 사슬뜨기 3코에서 빼뜨기.

완성 길이 : 70mm
필요한 실 : 녹색, 1.8m

바탕 고리: 사슬뜨기 19코
1단: 1코 건너뛰고 사슬코를 따라 17코에서 짧은뜨기. 사슬뜨기 1코에서 [짧은뜨기 1코, 사슬뜨기 3코, 짧은뜨기 1코]. 사슬뜨기 17코의 다른 가닥에서 짧은뜨기. 잎이 시작되는 사슬코에서 빼뜨기.
줄기: 사슬뜨기 7코. 2코 건너뛰고 줄기를 따라 사슬뜨기 5코에서 빼뜨기. 잎사귀가 시작되는 사슬코에서 빼뜨기. 실을 매듭짓고, 남은 실은 보이지 않게 정리한다.

줄기와 잎사귀 21

완성 길이 : 76mm
필요한 실 : 녹색, 5.5m

바탕 고리: 사슬뜨기 6코. 첫째 코에서 빼뜨기
1단: 사슬뜨기 5코. 고리에서 2길 긴뜨기 6코. 사슬뜨기 3코. 고리에서 2길 긴뜨기 6코. 사슬뜨기 5코. 고리에서 빼뜨기.
2단: 사슬뜨기 5코(2길 긴뜨기의 기둥코). 사슬뜨기 5코 공간에서 [dtr 2코, tr 1코, htr 1코, dc 1코]. 2길 긴뜨기 1코에서 긴뜨기 1코. 2길 긴뜨기 5코의 각 코에서 1길 긴뜨기. 사슬뜨기 3코 부분에서 [tr 2코, dtr 1코, ch 2코, dtr 1코, tr 2코]. 2길 긴뜨기 5코의 각 코에서 1길 긴뜨기. 2길 긴뜨기 1코에서 긴뜨기. 사슬뜨기 5코 공간에서 [dc 1코, htr 1코, tr 1코, dtr 2코]. 기둥코의 다섯 번째 코에서 빼뜨기.
3단: 사슬뜨기 2코(긴뜨기의 기둥코). 2길 긴뜨기 2코와 1길 긴뜨기 1코의 각 코에서 긴뜨기. 긴뜨기와 짧은뜨기. 긴뜨기의 각 코에서 [ch 2코, dc 1코]. 1길 긴뜨기 7코와 2길 긴뜨기 1코의 각 코에서 [ch 3코, dc 1코]. 사슬뜨기 4코. 사슬뜨기 2코 부분에서 [dc 1코, ch 3코, tr 1코. 사슬뜨기 6코 후 바늘에서 여섯째 코에서 빼뜨기를 하여 고리 형성, tr 1코, ch 3코, dc 1코]. 사슬뜨기 4코. 2길 긴뜨기 1코와 1길 긴뜨기 7코의 각 코에서 [dc 1코, ch 3코]. 긴뜨기와 짧은뜨기. 긴뜨기의 각 코에서 [dc 1코, ch 2코]. 1길 긴뜨기 1코와 2길 긴뜨기 2코의 각 코에 긴뜨기. 기둥코의 둘째 코에서 빼뜨기.
줄기: 사슬뜨기 7코. 2코 건너뛰고 줄기를 따라 나머지 5코에서 빼뜨기. 잎사귀가 시작되는 코에서 빼뜨기. 실을 매듭짓고, 남은 실은 보이지 않게 정리한다.

완성 길이 : 70mm
필요한 실 : 녹색, 5.5m

바탕 고리: 사슬뜨기 6코. 첫째 코에서 빼뜨기
1단: 사슬뜨기 5코. 고리에서 2길 긴뜨기 6코. 사슬뜨기 3코. 고리에서 2길 긴뜨기 6코. 사슬뜨기 5코. 고리에서 빼뜨기.
2단: 사슬뜨기 5코(2길 긴뜨기의 기둥코). 사슬뜨기 5코 공간에서 [dtr 2코, tr 1코, htr 1코, dc 1코]. 2길 긴뜨기 1코에서 긴뜨기 1코. 2길 긴뜨기 5코의 각 코에서 1길 긴뜨기. 사슬뜨기 3코 부분에서 [tr 2코, dtr 1코, ch 2코, dtr 1코, tr 2코]. 2길 긴뜨기 5코에서 1길 긴뜨기. 2길 긴뜨기 1코에서 긴뜨기. 사슬뜨기 5코 공간에서 [dc 1코, htr 1코, tr 1코, dtr 2코]. 기둥코의 다섯째 코에서 빼뜨기.
3단: 사슬뜨기 2코(긴뜨기의 기둥코). 2길 긴뜨기 2코와 1길 긴뜨기 1코의 각 코에서 긴뜨기. 다음 11코의 각 코에서 짧은뜨기 2코씩. 사슬뜨기 2코 부분에서 [dc 1코, ch 1코, tr 1코, 사슬뜨기 4코를 뜬 후 바늘에서 네 번째 코에서 빼뜨기를 하여 고리 형성, tr 1코, ch 1코, dc 1코]. 다음 11코의 각 코에서 짧은뜨기 2코씩. 1길 긴뜨기 1코와 2길 긴뜨기 2코의 각 코에서 긴뜨기. 기둥코의 둘째 코에서 빼뜨기.
줄기: 사슬뜨기 7코. 2코 건너뛰고 줄기를 따라 나머지 5코에서 빼뜨기. 잎사귀가 시작되는 코에서 빼뜨기. 실을 매듭짓고, 남은 실은 보이지 않게 정리한다.

완성 길이 : 70mm
필요한 실 : 녹색, 4.6m

바탕 고리: 사슬뜨기 5코. 첫째 코에서 빼뜨기
1단: 사슬뜨기 3코(1길 긴뜨기의 기둥코). 고리에서 [tr 5코, ch 3코, tr 5코]. 기둥코의 셋째 코에 빼뜨기.
2단: 사슬뜨기 5코(2길 긴뜨기의 기둥코). 1길 긴뜨기 1코에 [dtr 2코, tr 1코]. 1길 긴뜨기 1코에 [tr 1코, htr 1코]. 1길 긴뜨기 2코에 짧은뜨기. 1길 긴뜨기 1코에 [dc 1코, tr 1코]. 사슬뜨기 3코 공간에 [tr 1코, dtr 1코, ch 2코, dtr 1코, tr 1코]. 1길 긴뜨기 1코에 [tr 1코, dc 1코]. 1길 긴뜨기 2코에 dc. 1길 긴뜨기 1코에 [htr 1코, tr 1코]. 1길 긴뜨기 1코에 [tr 1코, dtr 2코]. 기둥코의 다섯째 코에 빼뜨기.
3단: 사슬뜨기 1코(짧은뜨기의 기둥코). 다음 9코에 각각 짧은뜨기 2코. 1길 긴뜨기 1코에 [htr 1코, tr 1코]. 2길 긴뜨기 1코에 2길 긴뜨기. 사슬뜨기 2코에 [dtr 1코, trtr 2코, 사슬뜨기 3코 후 바늘에서 셋째 코에 빼뜨기 연결, trtr 2코, dtr 1코]. 2길 긴뜨기 1코에 2길 긴뜨기. 1길 긴뜨기 1코에 [tr 1코, htr 1코]. 다음 9코에 각각 짧은뜨기 2코. 기둥코에서 빼뜨기.
줄기: 사슬뜨기 7코. 2코 건너뛰고 줄기 따라 나머지 5코에서 빼뜨기. 잎사귀가 시작되는 코에서 빼뜨기. 실을 정리한다.

2장 완성 작품들 보기

이 장에서는 색상별로 분류된 아름다운 꽃 100송이를 실물 크기로 볼 수 있습니다. 마음에 드는 꽃이 있으면 3장의 해당 패턴을 참고하여 직접 떠보세요.

완성 작품들 보기

색상별로 모여 있는 꽃들을 눈으로 즐기면서 아이디어를 떠올려보세요. 푸른색 꽃, 고운 분홍색과 보라색 꽃, 선명한 노란색, 주황색, 빨간색 꽃 등 코바늘뜨기를 좋아하는 사람이라면 누구나 마음에 들 거예요. 잎사귀 패턴에 대해서는 19-21쪽을 참조하시면 됩니다.

1 커피꽃

24 앵초

29 산사나무잎

30 포플러잎

10 메이애플

70 설악초

31 수국

57 잠자리

91 문지기나비

79 붓꽃

32 노루귀

58 프란지파니

53 클레마티스

75 난초

45 미니 해바라기

9 코스모스

11 주홍조밥나물

39 금영화

61 금잔화

23 칼리브라코아

99 호랑가시나무

100 사탕단풍잎

16 꽃사과

60 티트리

2 제피란테스

17 봉선화

19 패랭이꽃

3 펜타스

67 화살나무 가지

62 베르가모트

77 튤립

94 담쟁이

3장 실전 뜨기

이 장에는 책에 실린 모든 꽃의 패턴과 뜨는 법이
난이도에 따라 분류되어 있습니다.

1 커피꽃
완성작 보기 ▶ 24쪽

완성작 지름: 32mm
실: 흰색 2.7m

바탕 고리: 사슬뜨기 6코를 뜬 후 첫 번째 사슬코에서 빼뜨기를 한다.
1단: *사슬뜨기 5코, 바늘에서 세 번째 코에서 빼뜨기, 사슬뜨기 2코, 고리에서 빼뜨기. 사슬뜨기 5코, 고리에서 3길 긴뜨기. *부터 4회 반복. 실을 매듭짓고, 남은 실은 보이지 않게 정리한다.

2 제피란테스
완성작 보기 ▶ 40쪽

완성작 지름: 64mm
실: 진분홍색 6.4m

바탕 고리: 사슬뜨기 6코를 뜬 후 첫 번째 사슬코에서 빼뜨기를 한다.
1단: 사슬뜨기 1코(짧은뜨기의 기둥코). *사슬뜨기 8코, 고리에서 짧은뜨기 2코. *부터 4회 반복. 사슬뜨기 8코, 고리에서 짧은뜨기. 기둥코에서 빼뜨기를 한다.
2단: *사슬뜨기 8코 고리에서 [dc 3코, ch 3코, dtr 1코, ch 3코, dc 3코].** 짧은뜨기 2코에서 빼뜨기. *부터 4회 반복한 후, *부터 **까지 1회 더 반복한다. 짧은뜨기에서 빼뜨기. 빼뜨기에서 빼뜨기를 한다.
3단: 짧은뜨기 3코에서 빼뜨기. 사슬뜨기 1코(짧은뜨기의 기둥코). *사슬뜨기 3코 공간에서 [dc 2코, htr 2코]. 2길 긴뜨기에서 1길 긴뜨기. 사슬뜨기 3코를 뜬 후 바늘에서 셋째 코에서 빼뜨기. 방금 1길 긴뜨기를 한 2길 긴뜨기에서 1길 긴뜨기. 사슬뜨기 3코 공간에서 [htr 2코, dc 2코]. 짧은뜨기 1코에서 짧은뜨기. 짧은뜨기 2코와 빼뜨기 2코, 짧은뜨기 2코 건너뛴다.** 짧은뜨기 1코에서 짧은뜨기. *부터 4회 반복한 후 *부터 **까지 1회 더 반복. 기둥코에서 빼뜨기를 한다. 실을 매듭짓고 남은 실은 보이지 않게 정리한다.

기호 ○ = 사슬뜨기 • = 빼뜨기 + = 짧은뜨기 ⊢ = 긴뜨기 ⊬ = 1길 긴뜨기 ⊬ = 2길 긴뜨기 ⊬ = 3길 긴뜨기

| 3 | **펜타스**
완성작 보기 ▶ 40쪽

완성작 지름: 44mm
실: 다홍색 2.7m

바탕 고리: 사슬뜨기 5코를 뜬 후 첫 번째 사슬코에서 빼뜨기를 한다.
1단: 사슬뜨기 1코(짧은뜨기의 기둥코). 바탕 고리에서 짧은뜨기 9코. 기둥코에서 빼뜨기를 한다.
2단: 사슬뜨기 1코(짧은뜨기의 기둥코). *짧은뜨기 1코에서 [짧은뜨기 1코, 사슬뜨기 6코, 짧은뜨기 1코].** 짧은뜨기 1코에서 짧은뜨기. *부터 3회 반복한 후 *부터 **까지 1회 더 반복한다. 기둥코에서 빼뜨기를 한다.
3단: *사슬뜨기 6코 고리에서 [짧은뜨기 4코, 사슬뜨기 2코, 짧은뜨기 4코].** 짧은뜨기 1코 건너뛰고, 짧은뜨기 1코에서 빼뜨기. *부터 3회 반복한 후 *부터 **까지 1회 더 반복한다. 짧은뜨기 1코 건너뛰고, 빼뜨기에서 빼뜨기를 한다. 실을 매듭짓고, 남은 실은 보이지 않게 정리한다.

| 4 | **치커리**
완성작 보기 ▶ 25쪽

완성작 지름: 40mm
실: 하늘색 3.7m

바탕 고리: 사슬뜨기 6코를 뜬 후 첫 번째 사슬코에서 빼뜨기를 한다.
1단: 사슬뜨기 1코(짧은뜨기의 기둥코). 고리에서 짧은뜨기 9코. 첫 번째 사슬코에서 빼뜨기를 한다.
2단: 사슬뜨기 1코(짧은뜨기의 기둥코). 사슬뜨기 5코. 1단에서 연결하는 빼뜨기를 한 코에서 [3길 긴뜨기 1코, 사슬뜨기 5코, 짧은뜨기 1코]. 짧은뜨기 9코의 각 코에서 [짧은뜨기 1코, 사슬뜨기 5코, 3길 긴뜨기 1코, 사슬뜨기 5코, 짧은뜨기 1코]. 기둥코에서 빼뜨기를 한다. 실을 매듭짓고, 남은 실은 보이지 않게 정리한다.

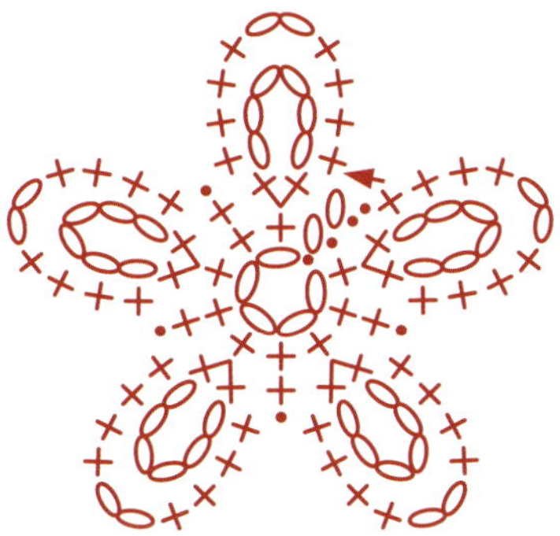

5 풀협죽도
완성작 보기 ▶ 31쪽

완성작 지름: 29mm
실: 연보라색 2.7m

바탕 고리: 사슬뜨기 5코를 뜬 후 첫 번째 사슬코에서 빼뜨기를 한다.
1단: 사슬뜨기 1코(짧은뜨기의 기둥코). 고리에서 짧은뜨기 9코. 기둥코에서 빼뜨기를 한다.
2단: *짧은뜨기 1코에서 [빼뜨기, 사슬뜨기 3코, 2길 긴뜨기 3코, 사슬뜨기 3코, 빼뜨기].** 짧은뜨기 1코에서 빼뜨기. *부터 3회 반복한 후, *부터 **까지 1회 더 반복한다. 빼뜨기에서 빼뜨기. 실을 매듭짓고, 남은 실은 보이지 않게 정리한다.

6 베들레헴의 별
완성작 보기 ▶ 25쪽

완성작 지름: 44mm
실: 흰색 2.7m

바탕 고리: 사슬뜨기 4코를 뜬 후 첫 번째 사슬코에서 빼뜨기를 한다.
1단: 사슬뜨기 1코(짧은뜨기의 기둥코). *사슬뜨기 8코. 고리에서 짧은뜨기 1코. *부터 4회 반복한다. 사슬뜨기 8코를 뜬 후, 기둥코에서 빼뜨기를 한다.
2단: *사슬뜨기 4코. 사슬뜨기 8코 고리의 가운데에서 1길 긴뜨기 1코. 사슬뜨기 3코를 뜬 후 바늘에서 세 번째 코에서 빼뜨기. 동일한 사슬뜨기 8코 고리에서 1길 긴뜨기 1코. 사슬뜨기 4코.** 짧은뜨기에서 빼뜨기. *부터 4회 반복한 후, *부터 **까지 1회 더 반복한다. 빼뜨기에서 빼뜨기를 한다. 실을 매듭짓고, 남은 실은 보이지 않게 정리한다.

| 7 | **히비스커스**
완성작 보기 ▶ 38쪽 |

완성작 지름: 57mm
실: 다홍색 6.4m

바탕 고리: 사슬뜨기 5코를 뜬 후 첫 번째 사슬코에서 빼뜨기를 한다.
1단: *사슬뜨기 5코. 고리에서 2길 긴뜨기 2코. 사슬뜨기 5코를 뜬 후, 고리에서 빼뜨기.
*부터 4회 반복한다.
2단: *사슬뜨기 5코 공간에서 [짧은뜨기 3코, 1길 긴뜨기 2코]. 2길 긴뜨기 1코에서 [2길 긴뜨기 2코, 3길 긴뜨기 1코]. 사슬뜨기 3코. 다음 2길 긴뜨기에서 [3길 긴뜨기 1코, 2길 긴뜨기 2코]. 사슬뜨기 5코 공간에서 [1길 긴뜨기 2코, 짧은뜨기 3코]. 빼뜨기에서 빼뜨기.
*부터 4회 반복한다. 실을 매듭짓고, 남은 실은 보이지 않게 정리한다.

| 8 | **겹꿩의다리**
완성작 보기 ▶ 31쪽 |

완성작 지름: 38mm
실: 연보라색 3.7m

바탕 고리: 사슬뜨기 5코를 뜬 후 첫 번째 사슬코에서 빼뜨기를 한다.
1단: 사슬뜨기 1코(짧은뜨기의 기둥코). *사슬뜨기 3코. 고리에서 짧은뜨기.
*부터 6회 반복한다. 사슬뜨기 3코. 기둥코에서 빼뜨기를 한다.
2단: 사슬뜨기 3코 부분 8곳의 각 부분에서 [빼뜨기, 사슬뜨기 3코, 2길 긴뜨기 1코, 사슬뜨기 3코, 2길 긴뜨기 1코, 사슬뜨기 3코, 빼뜨기]를 순서대로 한다. 실을 매듭짓고, 남은 실은 보이지 않게 정리한다.

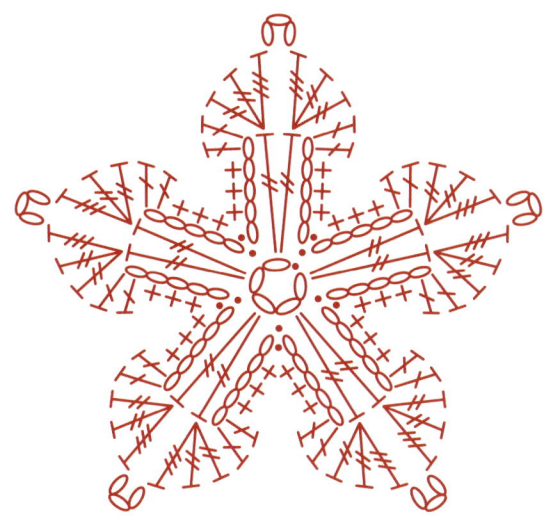

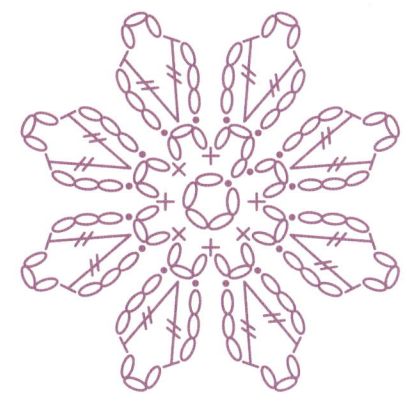

9	코스모스
	완성작 보기 ▶ 34쪽

A B

완성작 지름: 41mm
실: A-금색 0.9m, B-주황색 2.7m

중심
바탕 고리: 금색 실(A)로 사슬뜨기 4코를 뜬 후, 첫 번째 사슬코에서 빼뜨기를 한다.
1단: 사슬뜨기 1코(짧은뜨기의 기둥코). 고리에서 짧은뜨기 7코. 기둥코에서 빼뜨기를 한다.
2단: 사슬뜨기 1코(짧은뜨기의 기둥코). 1단에서 연결하는 빼뜨기를 한 코에서 짧은뜨기 1코. 남은 짧은뜨기 7코의 각 코에서 짧은뜨기 2코씩. 주황색 실(B)로 바꾸어 기둥코에서 빼뜨기를 한다. 계속 주황색 실로 뜬다.

꽃잎
3단: 사슬뜨기 5코. 2단에서 연결하는 빼뜨기를 한 코에서 3길 긴뜨기 1코. *짧은뜨기 1코에서 [3길 긴뜨기 1코, 사슬뜨기 5코, 빼뜨기].** 짧은뜨기 1코에서 [빼뜨기, 사슬뜨기 5코, 3길 긴뜨기 1코]. *부터 6회 반복한 후, *부터 **까지 1회 더 반복한다. 실을 매듭짓고, 남은 실은 보이지 않게 정리한다.

10	메이애플
	완성작 보기 ▶ 24쪽

완성작 지름: 44mm
실: 흰색 7.3m

바탕 고리: 사슬뜨기 6코를 뜬 후 첫 사슬코에서 빼뜨기를 한다.
1단: *사슬뜨기 5고. 고리에서 2길 긴뜨기 2코. 사슬뜨기 5코를 뜬 후, 고리에서 빼뜨기. *부터 5회 반복한다.
2단: *사슬뜨기 5코 공간에서 [짧은뜨기 3코, 긴뜨기 2코]. 2길 긴뜨기 2코의 각 코에서 1길 긴뜨기 3코씩. 사슬뜨기 5코 공간에서 [긴뜨기 2코, 짧은뜨기 3코]. 빼뜨기에서 빼뜨기. *부터 5회 반복한다. 실을 매듭짓고, 남은 실은 보이지 않게 정리한다.

초급 디자인 | 51

11 주홍조밥나물
완성작 보기 ▶ 34쪽

완성작 지름: 32mm
실: 주황색 3.6m

바탕 고리: 사슬뜨기 4코를 뜬 후 첫 번째 사슬코에서 빼뜨기를 한다.
1단: 사슬뜨기 1코(짧은뜨기의 기둥코). 고리에서 짧은뜨기 8코. 기둥코에서 빼뜨기를 한다.
2단: 사슬뜨기 1코(짧은뜨기의 기둥코). *사슬뜨기 1코. 짧은뜨기 1코에서 짧은뜨기. *부터 7회 반복한다. 사슬뜨기 1코. 기둥코에서 빼뜨기를 한다.
3단: 사슬뜨기 1코 공간에서 빼뜨기. 사슬뜨기 1코(짧은뜨기의 기둥코). 사슬뜨기 5코. 동일한 사슬뜨기 1코 공간에서 짧은뜨기 1코. *사슬뜨기 5코. 다음 사슬뜨기 1코 공간에서 [짧은뜨기 1코, 사슬뜨기 5코, 짧은뜨기 1코]. *부터 7회 반복한다. 다음 사슬뜨기 1코 공간에서 짧은뜨기. *부터 7회 반복한다. 사슬뜨기 5코. 기둥코에서 빼뜨기를 한다. 실을 매듭짓고, 남은 실은 보이지 않게 정리한다.

12 이소토마
완성작 보기 ▶ 25쪽

완성작 지름: 48mm
실: 하늘색 3.7m

바탕 고리: 사슬뜨기 5코를 뜬 후 첫 번째 사슬코에서 빼뜨기를 한다.
1단: 사슬뜨기 1코(짧은뜨기의 기둥코). *사슬뜨기 10코. 고리에서 짧은뜨기 2코. *부터 3회 반복한다. 사슬뜨기 10코. 고리에서 짧은뜨기 1코. 기둥코에서 빼뜨기를 한다.
2단: *사슬뜨기 10코 고리에서 [짧은뜨기 4코, 긴뜨기 1코, 1길 긴뜨기 1코, 사슬뜨기 3코를 뜬 후 바늘에서 세 번째 코에서 빼뜨기, 1길 긴뜨기 1코, 긴뜨기 1코, 짧은뜨기 4코]를 순서대로 뜬다.** 짧은뜨기 2코에서 빼뜨기. *부터 3회 반복한 후, *부터 **까지 1회 더 반복한다. 짧은뜨기 1코에서 빼뜨기. 실을 매듭짓고, 남은 실은 보이지 않게 정리한다.

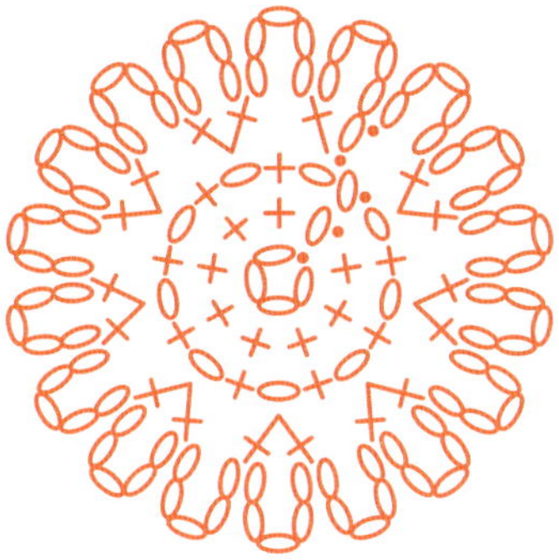

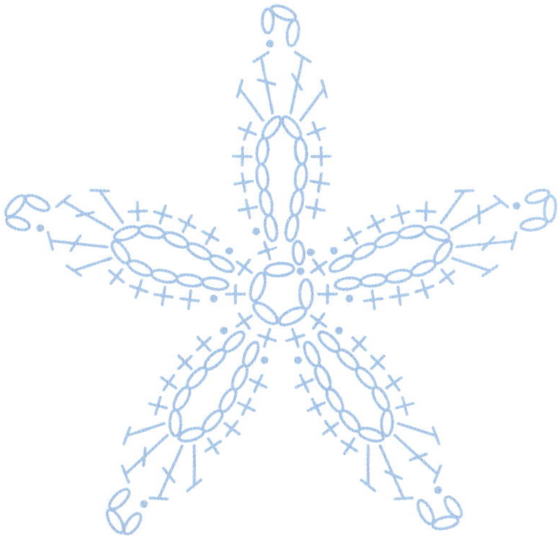

13 **익시아**
완성작 보기 ▶ 30쪽

완성작 지름: 38mm
실: 연분홍색 3.7m

바탕 고리: 사슬뜨기 6코를 뜬 후 첫 번째 사슬코에서 빼뜨기를 한다.
1단: 사슬뜨기 1코(짧은뜨기의 기둥코). 고리에서 짧은뜨기. *사슬뜨기 7코. 고리에서 짧은뜨기 2코. 사슬뜨기 8코.** 고리에서 짧은뜨기 2코. *부터 1회 반복한 후, *부터 **까지 1회 더 반복한다. 기둥코에서 빼뜨기를 한다.
2단: 짧은뜨기에서 빼뜨기. *사슬뜨기 7코 고리에서 [짧은뜨기 3코, 긴뜨기 1코, 사슬뜨기 1코, 긴뜨기 1코, 짧은뜨기 3코]. 짧은뜨기 2코에서 빼뜨기. 사슬뜨기 8코 고리에서 [짧은뜨기 3코, 긴뜨기 1코, 1길 긴뜨기 1코, 사슬뜨기 1코, 1길 긴뜨기 1코, 긴뜨기 1코, 짧은뜨기 3코].** 짧은뜨기 2코에서 빼뜨기. *부터 1회 반복한 후, *부터 **까지 1회 더 반복한다. 빼뜨기에서 빼뜨기를 한다. 실을 매듭짓고, 남은 실은 보이지 않게 정리한다.

 14 **제비꽃**
완성작 보기 ▶ 30쪽

완성작 지름: 32mm
실: 진보라색 1.8m

바탕 고리: 사슬뜨기 4코를 뜬 후 첫 번째 사슬코에서 빼뜨기를 한다.
1단: [사슬뜨기 5코, 고리에서 3길 긴뜨기 1코, 사슬뜨기 5코, 고리에서 빼뜨기]를 2회 반복한다. 사슬뜨기 8코를 뜨고 그중 첫 번째 코에서 [2길 긴뜨기 1코, 사슬뜨기 2코, 빼뜨기]. 고리에서 [빼뜨기, 사슬뜨기 5코, 3길 긴뜨기 1코, 사슬뜨기 5코, 빼뜨기]. 사슬뜨기 3코를 뜨고 그중 첫 번째 코에서 [2길 긴뜨기 1코, 사슬뜨기 7코, 빼뜨기]. 고리에서 빼뜨기. 실을 매듭짓고, 남은 실은 보이지 않게 정리한다.

15 아마꽃

완성작 보기 ▶ 25, 27쪽

A B

완성작 지름: 32mm
실: A-노란색 0.9m, B-하늘색 2.7m

중심
바탕 고리: 노란색 실(A)로 사슬뜨기 5코를 뜬 후 첫 번째 사슬코에서 빼뜨기를 한다.
1단: 사슬뜨기 1코(짧은뜨기의 기둥코). 고리에서 짧은뜨기 9코. 하늘색 실(B)로 바꾸어 기둥코에서 빼뜨기를 한다. 계속 하늘색 실로 뜬다.

꽃잎
2단: *사슬뜨기 3코. 짧은뜨기 1코에서 [2길 긴뜨기 2코, 사슬뜨기 2코, 2길 긴뜨기 2코]. 사슬뜨기 3코.** 짧은뜨기 1코에서 빼뜨기. *부터 3회 반복한 후, *부터 **까지 1회 더 반복한다. 빼뜨기에서 빼뜨기를 한다. 실을 매듭짓고, 남은 실은 보이지 않게 정리한다.

16 꽃사과

완성작 보기 ▶ 39쪽

A B

완성작 지름: 44mm
실: A-노란색 0.9m, B-진분홍색 3.7m

중심
바탕 고리: 노란색 실(A)로 사슬뜨기 5코를 뜬 후 첫 번째 사슬코에서 빼뜨기를 한다.
1단: 사슬뜨기 1코(짧은뜨기의 기둥코). *사슬뜨기 2코. 고리에서 짧은뜨기 2코. *부터 3회 반복한다. 사슬뜨기 2코. 고리에서 짧은뜨기 1코. 기둥코에서 빼뜨기를 한다.

꽃잎
2단: *진분홍색 실(B)로 다음 사슬뜨기 2코 공간에서 [빼뜨기 1코, 사슬뜨기 3코, 1길 긴뜨기 2코, 사슬뜨기 3코, 빼뜨기]. 사슬뜨기 1코. *부터 4회 반복한다. 빼뜨기에서 빼뜨기를 한다.
3단: *사슬뜨기 3코 공간에서 [짧은뜨기 3코, 긴뜨기 1코]. 1길 긴뜨기 1코에서 [1길 긴뜨기 1코, 2길 긴뜨기 1코]. 1길 긴뜨기 1코에서 [2길 긴뜨기 1코, 1길 긴뜨기 1코]. 사슬뜨기 3코 공간에서 [긴뜨기 1코, 짧은뜨기 3코]. 사슬뜨기 1코 공간에서 빼뜨기. *부터 4회 반복한다. 실을 매듭짓고, 남은 실은 보이지 않게 정리한다.

17 봉선화
완성작 보기 ▶ 40쪽

완성작 지름: 51mm
실: 진분홍색 5.5m

바탕 고리: 사슬뜨기 6코를 뜬 후 첫 번째 사슬코에서 빼뜨기를 한다.
1단: 사슬뜨기 1코. 고리에서 짧은뜨기 9코. 처음 사슬뜨기 1코에서 빼뜨기를 한다.
2단: *사슬뜨기 5코. 짧은뜨기 1코에서 [2길 긴뜨기 1코, 사슬뜨기 2코, 2길 긴뜨기 1코]. 사슬뜨기 5코.** 짧은뜨기 1코에서 빼뜨기. *부터 3회 반복한 후, *부터 **까지 1회 더 반복한다. 빼뜨기에서 빼뜨기를 한다.
3단: 사슬뜨기 5코 공간에서 빼뜨기. 사슬뜨기 1코(짧은뜨기의 기둥코). 동일한 사슬뜨기 5코 공간에서 [짧은뜨기 2코, 긴뜨기 1코]. *다음 사슬뜨기 2코 부분에서 [1길 긴뜨기 3코, 사슬뜨기 1코, 1길 긴뜨기 3코]. 사슬뜨기 5코 공간에서 [긴뜨기 1코, 짧은뜨기 3코].** 다음 사슬뜨기 5코 공간에서 [짧은뜨기 3코, 긴뜨기 1코]. *부터 3회 반복한 후, *부터 **까지 1회 더 반복한다. 기둥코에서 빼뜨기를 한다. 실을 매듭짓고, 남은 실은 보이지 않게 정리한다.

18 네잎 토끼풀
완성작 보기 ▶ 31쪽

완성작 지름: 38mm
실: 연두색 1.8m

바탕 고리: 사슬뜨기 6코를 뜬 후 첫 번째 사슬코에서 빼뜨기를 한다.
1단: *사슬뜨기 4코. 고리에서 2길 긴뜨기 1코. 사슬뜨기 1코. 고리에서 2길 긴뜨기 1코. 사슬뜨기 4코. 고리에서 빼뜨기. *부터 3회 반복한다.
줄기: 사슬뜨기 9코. 2코 건너뛰고 줄기를 따라 나머지 7코에서 빼뜨기. 고리에서 빼뜨기를 한다. 실을 매듭짓고, 남은 실은 보이지 않게 정리한다.

토끼풀꽃 (102쪽)

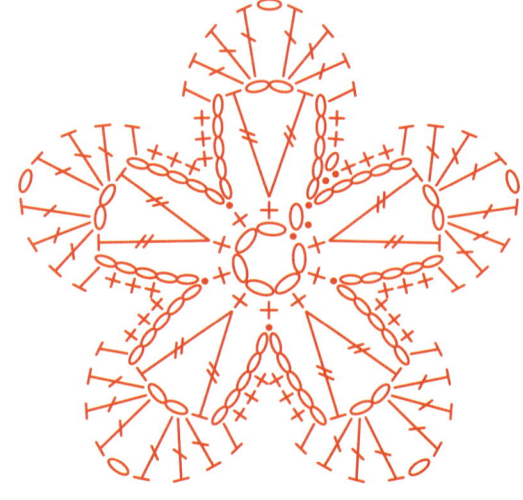

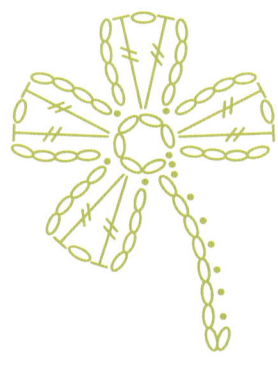

초급 디자인 | 55

19 패랭이꽃
완성작 보기 ▶ 40쪽

완성작 지름: 51mm
실: 진분홍색 6.4m

바탕 고리: 사슬뜨기 5코를 뜬 후 첫 번째 사슬코에서 빼뜨기를 한다.
1단: *사슬뜨기 5코. 고리에서 2길 긴뜨기 2코. 사슬뜨기 5코. 고리에서 빼뜨기. *부터 4회 반복한다.
2단: *사슬뜨기 5코 공간에서 [짧은뜨기 3코, 긴뜨기 1코]. 2길 긴뜨기 2코의 각 코에서 1길 긴뜨기 3코씩. 사슬뜨기 5코 공간에서 [긴뜨기 1코, 짧은뜨기 3코]. 빼뜨기에서 빼뜨기. *부터 4회 반복한다.
3단: *사슬뜨기 4코. 짧은뜨기 3코와 긴뜨기 건너뛰고, 1길 긴뜨기 1코에서 짧은뜨기. 다음 1길 긴뜨기 5코의 각 코에서 [사슬뜨기 2코, 짧은뜨기 1코]. 사슬뜨기 4코. 긴뜨기와 짧은뜨기 3코 건너뛰고, 빼뜨기에서 빼뜨기. *부터 4회 반복한다. 실을 매듭짓고, 남은 실은 보이지 않게 정리한다.

20 카모마일
완성작 보기 ▶ 25쪽

A B

완성작 지름: 29mm
실: A-노란색 0.9m, B-흰색 1.8m

중심
바탕 고리: 노란색 실(A)로 사슬뜨기 4코를 뜬 후 첫 번째 사슬코에서 빼뜨기를 한다.
1단: 사슬뜨기 1코(짧은뜨기의 기둥코). 고리에서 짧은뜨기 7코. 기둥코에서 빼뜨기를 한다.
2단: 사슬뜨기 1코(짧은뜨기의 기둥코). 1단에서 연결하는 빼뜨기를 한 코에서 짧은뜨기. 남은 짧은뜨기 7코의 각 코에서 짧은뜨기 2코씩. 흰색 실(B)로 바꾸어 기둥코에서 빼뜨기를 한다. 계속 흰색 실로 뜬다.

꽃잎
3단: *사슬뜨기 5코. 짧은뜨기 1코에서 빼뜨기. *부터 14회 반복한다. 사슬뜨기 5코. 빼뜨기에서 빼뜨기를 한다. 실을 매듭짓고. 남은 실은 보이지 않게 정리한다.

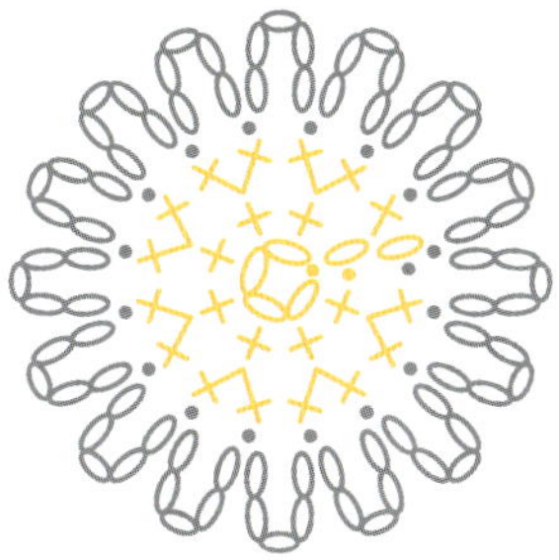

21 알리숨

완성작 보기 ▶ 30쪽

A B

완성작 지름: 25mm
실: A-노란색 0.9m, B-진보라색 2.7m

바탕 고리: 노란색 실(A)로 사슬뜨기 5코를 뜬 후 첫 번째 사슬코에서 빼뜨기를 한다.
1단: 사슬뜨기 1코(짧은뜨기의 기둥코). 고리에서 짧은뜨기 7코. 진보라색 실(B)로 바꾸어 기둥코에서 빼뜨기를 한다. 계속 진보라색 실로 뜬다.
2단: *사슬뜨기 6코. 짧은뜨기 2코의 각 코에서 빼뜨기. *부터 2회 반복한다. 사슬뜨기 6코. 짧은뜨기 1코와 빼뜨기에서 빼뜨기.
3단: 다음 사슬뜨기 6코 고리에서 [짧은뜨기 2코, 긴뜨기 2코, 사슬뜨기 1코, 긴뜨기 2코, 짧은뜨기 2코]. 빼뜨기 1코 건너뛰고, 빼뜨기 1코에서 빼뜨기한다. *부터 3회 반복한다. 실을 자른 후, 남은 실은 보이지 않게 정리한다.

22 딸기꽃

완성작 보기 ▶ 25, 27쪽

A B

완성작 지름: 32mm
실: A-노란색 0.9m, B-흰색 2.7m

중심
바탕 고리: 노란색 실(A)로 사슬뜨기 5코를 뜬 후 첫 번째 사슬코에서 빼뜨기를 한다.
1단: 사슬뜨기 2코(긴뜨기의 기둥코). 고리에서 긴뜨기 9코. 흰색 실(B)로 바꾸어 기둥코의 두 번째 코에서 빼뜨기를 한다. 계속 흰색 실로 뜬다.
꽃잎
2단: *긴뜨기 1코에서 [빼뜨기, 사슬뜨기 2코, 1길 긴뜨기 2코, 사슬뜨기 1코, 1길 긴뜨기 2코, 사슬뜨기 2코, 빼뜨기].** 긴뜨기 1코에서 빼뜨기. *부터 3회 반복한 후, *부터 **까지 1회 더 반복한다. 빼뜨기에서 빼뜨기를 한다. 실을 매듭짓고, 남은 실은 보이지 않게 정리한다.

딸기잎 (105쪽)

23	칼리브라코아
	완성작 보기 ▶ 39쪽

A B

완성작 지름: 32mm
실: A-진분홍색 2.7m, B-연분홍색 1.8m

바탕 고리: 진분홍색 실(A)로 사슬뜨기 6코를 뜬 후 첫 번째 사슬코에서 빼뜨기.
1단: *사슬뜨기 3코. 고리에서 1길 긴뜨기 2코. 사슬뜨기 3코. 고리에서 빼뜨기. *부터 4회 반복한다.
2단: *사슬뜨기 3코 공간에서 [짧은뜨기 2코, 긴뜨기 1코]. 1길 긴뜨기 2코에서 1길 긴뜨기. 사슬뜨기 3코 공간에서 [긴뜨기 1코, 짧은뜨기 2코]. 빼뜨기에서 빼뜨기. *부터 4회 반복한다.
3단: 연분홍색 실(B)로 바꾸어 짧은뜨기 1코에서 빼뜨기한 후, 사슬뜨기 1코(짧은뜨기의 기둥코). *짧은뜨기 1코와 긴뜨기 1코의 각 코에서 짧은뜨기. 1길 긴뜨기 2코의 각 코에서 짧은뜨기 2코씩.** 빼뜨기 건너뛰고, 짧은뜨기에서 짧은뜨기. *부터 3회 반복한 후, *부터 **까지 1회 더 반복한다. 기둥코에서 빼뜨기를 한다. 실을 매듭짓고, 남은 실은 보이지 않게 정리한다.

24	앵초
	완성작 보기 ▶ 24쪽

A B

완성작 지름: 35mm
실: A-금색 0.9m, B-노란색 2.7m

중심
바탕 고리: 금색 실(A)로 사슬뜨기 5코를 뜬 후 첫 번째 사슬코에서 빼뜨기를 한다.
1단: 사슬뜨기 1코(짧은뜨기의 기둥코). *사슬뜨기 1코. 고리에서 1길 긴뜨기 1코. 사슬뜨기 1코.** 고리에서 짧은뜨기. *부터 3회 반복한 후, *부터 **까지 1회 더 반복한다. 노란색 실(B)로 바꾸어, 기둥코에서 빼뜨기를 한다. 계속 노란색 실로 뜬다.
꽃잎
2단: *사슬뜨기 5코. 사슬뜨기 1코 공간에서 [3길 긴뜨기 1코, 1길 긴뜨기 1코]. 1길 긴뜨기 건너뛰고, 다음 사슬뜨기 1코 공간에서 [1길 긴뜨기 1코, 3길 긴뜨기 1코]. 사슬뜨기 5코.** 짧은뜨기에서 빼뜨기. *부터 3회 반복한 후, *부터 **까지 1회 더 반복한다. 빼뜨기에서 빼뜨기를 한다. 실을 매듭짓고, 남은 실은 보이지 않게 정리한다.

| 25 | 복숭아꽃
완성작 보기 ▶ 31쪽

완성작 지름: 44mm
실: 연분홍색 5.5m

바탕 고리: 사슬뜨기 5코를 뜬 후 첫 번째 사슬코에서 빼뜨기를 한다.
1단: *사슬뜨기 3코. 고리에서 2길 긴뜨기 2코. 사슬뜨기 3코. 고리에서 빼뜨기. *부터 4회 반복한다.
2단: *사슬뜨기 1코. 사슬뜨기 3코 공간에서 긴뜨기 2코. 2길 긴뜨기 1코에서 [1길 긴뜨기 1코. 2길 긴뜨기 2코]. 사슬뜨기 2코. 2길 긴뜨기 1코에서 [2길 긴뜨기 2코. 1길 긴뜨기 1코]. 사슬뜨기 3코 공간에서 긴뜨기 2코. 사슬뜨기 1코. 빼뜨기에서 빼뜨기. *부터 4회 반복한다. 실을 매듭짓고, 남은 실은 보이지 않게 정리한다.

| 26 | 크로커스
완성작 보기 ▶ 30쪽

A   B

완성작 지름: 38mm
실: A-금색 0.9m, B-진보라색 2.7m

중심
바탕 고리: 금색 실(A)로 사슬뜨기 4코를 뜬 후 첫 번째 사슬코에서 빼뜨기를 한다.
1단: 사슬뜨기 1코(짧은뜨기의 기둥코). *사슬뜨기 2코. 고리에서 짧은뜨기. *부터 4회 반복한다. 사슬뜨기 2코. 기둥코에서 빼뜨기를 한다.
꽃잎
2단: 진보라색 실(B)로 사슬뜨기 2코 공간에서 빼뜨기한 후, 사슬뜨기 1코(짧은뜨기의 기둥코). 동일한 사슬뜨기 2코 공간에서 [ch 2코, dtr 1코, ch 2코, dc 1코]. 남은 사슬뜨기 2코 공간의 각 공간에서 [dc 1코, ch 2코, dtr 1코, ch 2코, dc 1코]. 기둥코에서 빼뜨기.
3단: *사슬뜨기 2코 공간에서 [dc 1코, htr 1코]. 2길 긴뜨기에서 [tr 1코, ch 2코, tr 1코]. 사슬뜨기 2코 공간에서 [htr 1코, dc 1코].** 짧은뜨기 2코에서 빼뜨기를 한다. *부터 4회 반복한 후, *부터 **까지 1회 더 반복한다. 짧은뜨기에서 빼뜨기를 한다. 실을 매듭짓고, 남은 실은 보이지 않게 정리한다.

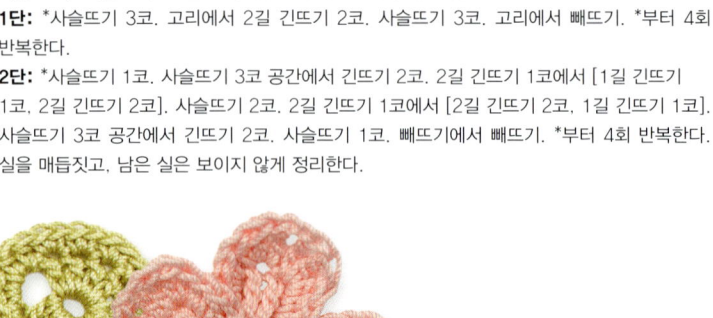

27	로벨리아
	완성작 보기 ▶ 28쪽

완성작 지름: 32mm
실: 짙은 파란색 2.7m

바탕 고리: 사슬뜨기 5코를 뜬 후 첫 번째 사슬코에서 빼뜨기를 한다.
1단: 사슬뜨기 1코(짧은뜨기의 기둥코). 고리에서 짧은뜨기 9코. 기둥코에서 빼뜨기를 한다.
2단: 사슬뜨기 5코. 짧은뜨기 1코에서 빼뜨기. 사슬뜨기 5코. 짧은뜨기 2코에서 빼뜨기.
*사슬뜨기 3코. 짧은뜨기 1코에서 [2길 긴뜨기 1코, 3길 긴뜨기 1코, 사슬뜨기 2코, 3길 긴뜨기 1코, 2길 긴뜨기 1코]. 사슬뜨기 3코. 짧은뜨기 1코에서 빼뜨기. *부터 2회 반복한다. 실을 매듭짓고, 남은 실은 보이지 않게 정리한다.

28	재스민
	완성작 보기 ▶ 26쪽

완성작 지름: 32mm
실: 흰색 1.8m

바탕 고리: 사슬뜨기 5코를 뜬 후 첫 번째 사슬코에서 빼뜨기를 한다.
1단: *사슬뜨기 5코. 고리에서 3길 긴뜨기 1코. 사슬뜨기 5코를 뜬 후 고리에서 빼뜨기. *부터 4회 반복한다. 실을 매듭짓고, 남은 실은 보이지 않게 정리한다.

29 산사나무잎
완성작 보기 ▶ 27, 36쪽

완성작 지름: 51mm
실: 노란색 2.7m

바탕 고리: 사슬뜨기 6코를 뜬 후 첫 번째 사슬코에서 빼뜨기를 한다.
1단: 사슬뜨기 3코. 고리에서 [tr 3코, dtr 1코, trtr 1코, ch 3코, trtr 1코, dtr 1코, tr 3코, ch 3코, ss].
2단: 사슬뜨기 5코. 사슬뜨기 3코 공간은 건너뛴다. *1길 긴뜨기 1코에서 [tr 1코, ch 2코, tr 1코]. 사슬뜨기 1코. 1길 긴뜨기에서 짧은뜨기. 사슬뜨기 1코. 다음 1길 긴뜨기에서 [tr 1코, ch 2코, tr 1코].** 사슬뜨기 1코. 2길 긴뜨기에서 짧은뜨기. 사슬뜨기 1코. 3길 긴뜨기에서 [tr 1코, ch 2코, tr 1코]. 사슬뜨기 1코. 사슬뜨기 2코 공간에서 [dc 1코, ch 2코, dtr 1코, ch 2코, dtr 1코, ch 2코, dc 1코]. 사슬뜨기 1코. 3길 긴뜨기에서 [tr 1코, ch 2코, tr 1코]. 사슬뜨기 1코. 2길 긴뜨기에서 짧은뜨기. 사슬뜨기 1코. *부터 **까지 반복한다. 사슬뜨기 5코. 사슬뜨기 3코 공간 건너뛰고, 빼뜨기에서 빼뜨기를 한다.
줄기: 사슬뜨기 9코. 2코 건너뛰고 줄기를 따라 나머지 7코에서 빼뜨기. 빼뜨기에서 빼뜨기를 한다. 실을 매듭짓고, 남은 실은 보이지 않게 정리한다.

30 포플러잎
완성작 보기 ▶ 24쪽

완성작 지름: 60mm
실: 금색 4.6m

바탕 고리: 사슬뜨기 6코를 뜬 후 첫 번째 사슬코에서 빼뜨기를 한다.
1단: 사슬뜨기 5코. 고리에서 dtr 6코. 사슬뜨기 3코. 고리에서 dtr 6코. 사슬뜨기 5코. 고리에서 빼뜨기.
2단: 사슬뜨기 5코 공간에서 dc 5코. 2길 긴뜨기 1코에서 htr. 2길 긴뜨기 5코의 각 코에서 tr. 사슬뜨기 3코 공간에서 [tr 2코, dtr 1코, ch 2코, dtr 1코, tr 2코]. 2길 긴뜨기 5코의 각 코에서 tr. 2길 긴뜨기 1코에서 htr. 사슬뜨기 5코 공간에서 dc 5코. 빼뜨기에서 빼뜨기.
3단: 짧은뜨기 5코와 긴뜨기 1코의 각 코에서 dc. 다음 1길 긴뜨기 6코의 각 코에서 dc 2코씩. 1길 긴뜨기 1코와 2길 긴뜨기 1코의 각 코에서 dc. 사슬뜨기 2코 부분에서 [htr 1코, ch 3코, htr 1코]. 2길 긴뜨기 1코와 1길 긴뜨기 1코의 각 코에서 dc. 다음 1길 긴뜨기 6코의 각 코에서 dc 2코씩. 긴뜨기 1코와 짧은뜨기 5코의 각 코에서 dc. 빼뜨기에서 빼뜨기.
줄기: 사슬뜨기 11코. 2코 건너뛰고 줄기를 따라 나머지 9코에서 빼뜨기. 3단의 첫째 짧은뜨기에서 빼뜨기. 매듭짓고 남은 실은 보이지 않게 정리한다.

31	**수국**
	완성작 보기 ▶ 29쪽

완성작 지름: 89mm
실: 하늘색 6.4m

*사슬뜨기 1코. 사슬뜨기 1코에서 [사슬뜨기 3코, 1길 긴뜨기 1코, 사슬뜨기 2코, 1길 긴뜨기 1코, 사슬뜨기 3코, 빼뜨기] 4회.** {한 송이 완성}.*** 사슬뜨기 5코. *부터 **까지 반복한다. 바늘을 꽃 밑으로 넣어 사슬뜨기 5코의 다섯 번째 코에서 빼뜨기. ***부터 4회 반복한다.

32	**노루귀**
	완성작 보기 ▶ 29쪽

A B C

완성작 지름: 29mm
실: A-노란색 0.9m, B-흰색 2.7m, C-짙은 파란색 2.7m

중심
바탕 고리: 노란색 실(A)로 사슬뜨기 4코를 뜬 후 첫 번째 사슬코에서 빼뜨기를 한다.
1단: 사슬뜨기 1코(짧은뜨기의 기둥코). 고리에서 짧은뜨기 5코. 흰색 실(B)로 바꾸어 기둥코에서 빼뜨기. 계속 흰색 실로 뜬다.
2단: 사슬뜨기 1코(짧은뜨기의 기둥코). *사슬뜨기 2코. 짧은뜨기 1코에서 짧은뜨기. *부터 4회 반복한다. 사슬뜨기 2코. 짙은 파란색 실(C)로 바꾸어 기둥코에서 빼뜨기를 한다. 계속 짙은 파란색 실로 뜬다.
꽃잎
3단: 사슬뜨기 2코 공간 6곳의 각 공간에서 [빼뜨기, 사슬뜨기 2코, 1길 긴뜨기 1코, 2길 긴뜨기 1코, 1길 긴뜨기 1코, 사슬뜨기 2코, 빼뜨기]. 실을 매듭짓고, 남은 실은 보이지 않게 정리한다.

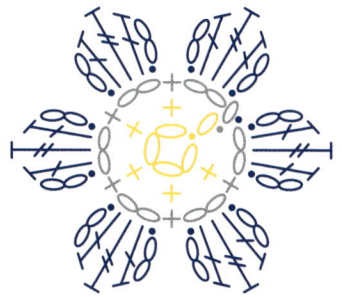

33 괭이밥

완성작 보기 ▶ 25쪽

A B

완성작 지름: 51mm
실: A-노란색 1.8m, B-연두색 2.7m

꽃
노란색 실(A)로 사슬뜨기 4코를 뜬 후 첫 번째 사슬코에서 빼뜨기를 한다. *사슬뜨기 4코를 뜨고 고리에서 2길 긴뜨기. 사슬뜨기 4코를 뜨고 고리에서 빼뜨기. *부터 4회 반복한다. 실을 매듭짓는다.

잎사귀와 줄기
연두색 실(B)로 사슬뜨기 12코를 뜬다. *사슬뜨기 4코를 뜨고 그중 첫째 코에서 [2길 긴뜨기 2코, 사슬뜨기 2코, 짧은뜨기 1코, 사슬뜨기 2코, 2길 긴뜨기 2코, 사슬뜨기 3코, 빼뜨기].** 처음 사슬뜨기 12코 중 열두 번째 코에서 빼뜨기. 사슬뜨기 1코. *부터 **까지 반복. 마지막 사슬뜨기 1코와 사슬뜨기 12코 중 열두 번째 코에서 빼뜨기. *부터 **까지 반복. 사슬뜨기 12코 중 열두 번째 코와 다음 사슬뜨기 4코에서 빼뜨기. 사슬뜨기 4코. 뒷면 가운데에서 빼뜨기. 줄기를 따라 사슬뜨기 11코에서 빼뜨기(잎이 시작되는 사슬코는 건너뛰고, 빈 사슬코에서만 빼뜨기). 매듭짓고 남은 실은 보이지 않게 정리한다.

34 피튜니아

완성작 보기 ▶ 31쪽

완성작 지름: 64mm
실: 진보라색 7.3m

바탕 고리: 사슬뜨기 5코를 뜬 후 첫 번째 사슬코에서 빼뜨기를 한다.
1단: 사슬뜨기 1코(짧은뜨기의 기둥코). 고리에서 짧은뜨기 9코. 기둥코에서 빼뜨기.
2단: 사슬뜨기 3코(1길 긴뜨기의 기둥코). *사슬뜨기 2코. 짧은뜨기 1코에서 2길 긴뜨기 1코. 사슬뜨기 2코.** 짧은뜨기 1코에서 1길 긴뜨기. *부터 3회 반복한 후, *부터 **까지 1회 더 반복한다. 기둥코의 세 번째 코에서 빼뜨기를 한다.
3단: 사슬뜨기 2코 공간에서 빼뜨기. 사슬뜨기 1코(짧은뜨기로 계산). 동일한 사슬뜨기 2코 공간에서 [htr 1코, tr 1코]. *2길 긴뜨기에서 [tr 1코, ch 2코, tr 1코]. 사슬뜨기 2코 공간에서 [tr 1코, htr 1코, dc 1코].** 다음 사슬뜨기 2코 공간에서 [dc 1코, htr 1코, tr 1코]. *부터 3회 반복한 후, *부터 **까지 1회 더 반복한다. 처음 사슬뜨기 1코에서 빼뜨기.
4단: *사슬뜨기 3코. 긴뜨기와 1길 긴뜨기 2코의 각 코에서 1길 긴뜨기 2코씩. 사슬뜨기 2코 공간에서 1길 긴뜨기 3코. 1길 긴뜨기 2코와 긴뜨기의 각 코에서 1길 긴뜨기 2코씩.** 짧은뜨기 2코에서 빼뜨기. *부터 3회 반복한 후, *부터 **까지 1회 더 반복한다. 짧은뜨기에서 빼뜨기를 한다. 실을 매듭짓고, 남은 실은 보이지 않게 연결한다.

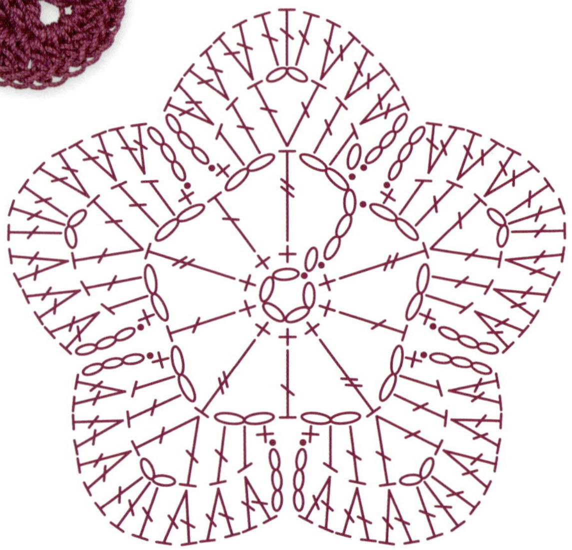

기호 ⇢ = 빼뜨기 위에서 아랫단 빼뜨기로 넣어 빼뜨기

35	산딸나무꽃
	완성작 보기 ▶ 28쪽

A B

완성작 지름: 57mm
실: A-갈색 0.9m, B-흰색 4.6m

중심
바탕 고리: 갈색 실(A)로 사슬뜨기 4코를 뜬 후 첫 번째 사슬코에서 빼뜨기를 한다.
1단: 사슬뜨기 1코(짧은뜨기의 기둥코). 고리에서 짧은뜨기 7코. 기둥코에서 빼뜨기를 한다.
2단: 사슬뜨기 1코(짧은뜨기의 기둥코). 1단에서 연결하는 빼뜨기를 한 코에서 짧은뜨기. 나머지 짧은뜨기 7코의 각 코에서 짧은뜨기 2코씩. 흰색 실(B)로 바꾸어 기둥코에서 빼뜨기로 연결하고, 계속 흰색 실로 뜬다.

꽃잎
3단: 사슬뜨기 5코. 2단에서 연결하는 빼뜨기를 한 코에서 [dtr 3코, ch 5코, ss]. *사슬뜨기 5코. 짧은뜨기 3코 건너뛴다. 짧은뜨기 1코에서 [ss, ch 5코, dtr 3코, ch 5코, ss]. *부터 2회 반복한다. 사슬뜨기 5코. 빼뜨기에서 빼뜨기를 해서 연결한다.
4단: 사슬뜨기 5코 공간에서 빼뜨기. 사슬뜨기 1코(짧은뜨기로 계산). 동일한 사슬뜨기 5코 공간에서 [dc 3코, htr 1코]. *2길 긴뜨기 1코에서 1길 긴뜨기. 2길 긴뜨기 1코에서 [tr 2코, ch 3코, tr 2코]. 2길 긴뜨기 1코에서 1길 긴뜨기 1코. 사슬뜨기 5코 공간에서 [htr 1코, dc 4코]. 다음 사슬뜨기 5코 공간에서 빼뜨기. 다음 사슬뜨기 5코 공간에서 짧은뜨기 4코. 2길 긴뜨기 1코에서 긴뜨기. 다음 2길 긴뜨기 1코에서 [tr 1코, ch 2코, tr 1코]. 2길 긴뜨기 1코에서 긴뜨기. 사슬뜨기 5코 공간에서 짧은뜨기 4코. 다음 사슬뜨기 5코 공간에서 빼뜨기.** 다음 사슬뜨기 5코 공간에서 [dc 4코, htr 1코]. *부터 **까지 1회 반복한다. 처음 사슬뜨기 1코에서 빼뜨기를 한다. 실을 매듭짓고, 남은 실은 보이지 않게 정리한다.

36	연령초
	완성작 보기 ▶ 41쪽

완성작 지름: 44mm
실: 포도주색 3.8m

바탕 고리: 사슬뜨기 5코를 뜬 후 첫 번째 사슬코에서 빼뜨기를 한다.
1단: 사슬뜨기 1코(짧은뜨기의 기둥코). 고리에서 짧은뜨기 8코. 기둥코에서 빼뜨기.
2단: *사슬뜨기 3코. 짧은뜨기 2코의 각 코에서 2길 긴뜨기. 사슬뜨기 3코. **짧은뜨기 1코에서 빼뜨기. *부터 1회 반복. *부터 **까지 1회 더 반복. 빼뜨기에서 빼뜨기로 반복.
3단: *사슬뜨기 3코 공간에서 짧은뜨기 3코. 2길 긴뜨기 1코에서 [htr 1코, tr 1코]. 사슬뜨기 2코. 다음 2길 긴뜨기에서 [tr 1코, htr 1코]. 사슬뜨기 3코 공간에서 dc 3코. 빼뜨기에서 빼뜨기. *부터 2회 반복.
4단: *사슬뜨기 2코. 짧은뜨기 2코 건너뛰고. 짧은뜨기 1코와 긴뜨기, 1길 긴뜨기 각 코에 dc 1코. 사슬뜨기 2코에서 [dc 2코, ch 3코, dc 2코]. 1길 긴뜨기와 긴뜨기, 짧은뜨기 1코의 각 코에서 짧은뜨기 1코. 사슬뜨기 2코. 짧은뜨기 2코 건너뛰고, 빼뜨기 위에서 아랫단(2단) 빼뜨기로 넣어 빼뜨기. *부터 2회 반복. 매듭짓고 남은 실은 보이지 않게 정리.

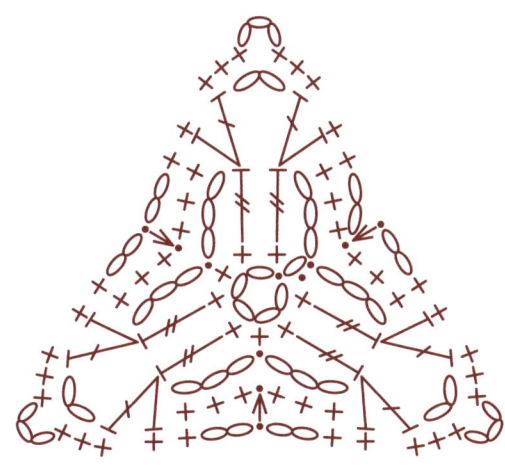

| 37 | **과꽃**
완성작 보기 ▶ 33쪽

A B

완성작 지름: 41mm
실: A-노란색 0.9m, B-연보라색 2.7m

중심
바탕 고리: 노란색 실(A)로 사슬뜨기 4코를 뜬 후 첫 번째 사슬코에서 빼뜨기를 한다.
1단: 사슬뜨기 1코(짧은뜨기의 기둥코). 고리에서 짧은뜨기 7코. 기둥코에서 빼뜨기를 한다.
2단: 사슬뜨기 1코(짧은뜨기의 기둥코). 1단에서 연결하는 빼뜨기를 한 코에서 짧은뜨기 1코. 다음 짧은뜨기 7코의 각 코에서 짧은뜨기 2코씩. 연보라색 실(B)로 바꾸어 기둥코에서 빼뜨기를 한다. 계속 연보라색 실로 뜬다.

꽃잎
3단: 사슬뜨기 9코를 뜬 후 바늘에서 아홉 번째 코에서 빼뜨기. 2단에서 연결하는 빼뜨기를 한 코에서 빼뜨기. 이제부터는 짧은뜨기 15코의 뒤 가닥에서만 [짧은뜨기에서 빼뜨기, 사슬뜨기 9코, 바늘에서 아홉 번째 코에서 빼뜨기, 짧은뜨기에서 빼뜨기]. 실을 매듭짓고, 남은 실은 보이지 않게 정리한다.

| 38 | **한련**
완성작 보기 ▶ 38쪽

완성작 지름: 64mm
실: 금색 9.1m

바탕 고리: 사슬뜨기 4코를 뜬 후 첫 번째 사슬코에서 빼뜨기를 한다.
1단: *사슬뜨기 5코. 고리에서 2길 긴뜨기. 사슬뜨기 5코. 고리에서 빼뜨기. *부터 4회 반복한다.
2단: *사슬뜨기 5코 공간에서 짧은뜨기 2코. 2길 긴뜨기에서 [1길 긴뜨기 1코, 2길 긴뜨기 7코, 1길 긴뜨기 1코]. 사슬뜨기 5코 공간에서 짧은뜨기 2코. 빼뜨기에서 빼뜨기. *부터 4회 반복한다.
3단: *짧은뜨기 2코와 1길 긴뜨기 1코의 각 코에서 빼뜨기. 사슬뜨기 1코. 2길 긴뜨기 7코의 각 코에서 1길 긴뜨기 2코씩. 사슬뜨기 1코. 1길 긴뜨기 1코와 짧은뜨기 2코, 빼뜨기의 각 코에서 빼뜨기. *부터 4회 반복. 매듭짓고 남은 실은 보이지 않게 정리한다.

| 39 | **금영화** 완성작 보기 ▶ 34쪽 |

완성작 지름: 44mm
실: 금색 2.7m

바탕 고리: 사슬뜨기 4코를 뜬 후 첫 번째 사슬코에서 빼뜨기를 한다.
1단: 사슬뜨기 1코(짧은뜨기로 계산). *사슬뜨기 6코를 뜨고 그중 두 번째 코에서 [3길 긴뜨기 5코, 사슬뜨기 4코, 빼뜨기]. 사슬뜨기 6코 중 첫 번째 코에서 빼뜨기.** 고리에서 짧은뜨기 2코. *부터 2회 반복한 후, *부터 **까지 1회 더 반복한다. 고리에서 짧은뜨기. 처음 사슬코에서 빼뜨기를 한다.
2단: *사슬뜨기 1코. 다음 사슬뜨기 4코 공간에서 [짧은뜨기 4코, 긴뜨기 1코]. 3길 긴뜨기 5코의 각 코에서 1길 긴뜨기 2코씩. 사슬뜨기 4코 공간에서 [긴뜨기 1코, 짧은뜨기 4코]. 사슬뜨기 1코.** 빼뜨기 2코 건너뛰고, 짧은뜨기 2코에서 빼뜨기. *부터 2회 반복한 후, *부터 **까지 1회 더 반복한다. 빼뜨기 2코 건너뛴 후, 짧은뜨기에서 빼뜨기를 한다. 실을 매듭짓고, 남은 실은 보이지 않게 정리한다.

| 40 | **수레국화** 완성작 보기 ▶ 28쪽 |

완성작 지름: 44mm
실: 짙은 파란색 6.4m

바탕 고리: 사슬뜨기 4코를 뜬 후 첫 번째 사슬코에서 빼뜨기를 한다.
1단: 사슬뜨기 2코(긴뜨기의 기둥코). 고리에서 긴뜨기 8코. 기둥코의 두 번째 코에서 빼뜨기를 한다.
2단: 사슬뜨기 2코(긴뜨기의 기둥코). *사슬뜨기 1코. 긴뜨기 1코에서 긴뜨기. *부터 7회 반복한다. 사슬뜨기 1코. 기둥코의 두 번째 코에서 빼뜨기를 한다.
3단: *다음 사슬뜨기 1코 공간에서 빼뜨기. [사슬뜨기 5코를 뜬 후 바늘에서 세 번째 코에서 빼뜨기, 사슬뜨기 3코를 뜬 후 바늘에서 세 번째 코에서 빼뜨기. 사슬뜨기 2코 동일한 사슬뜨기 1코 공간에서 빼뜨기]를 3회 반복한다. *부터 8회 반복한다. 실을 매듭짓고, 남은 실은 보이지 않게 정리한다.

41 나리꽃
완성작 보기 ▶ 35쪽

완성작 지름: 83mm
실: 주황색 9.1m

바탕 고리: 사슬뜨기 6코를 뜬 후 첫 번째 사슬코에서 빼뜨기를 한다.
1단: 사슬뜨기 1코(짧은뜨기의 기둥코). 고리에서 짧은뜨기 11코. 기둥코에서 빼뜨기.
2단: 사슬뜨기 1코(짧은뜨기의 기둥코). *짧은뜨기 1코에서 [짧은뜨기 1코, 사슬뜨기 8코, 짧은뜨기 1코].** 짧은뜨기 1코에서 짧은뜨기. *부터 4회 반복한 후, *부터 **까지 1회 더 반복한다. 기둥코에서 빼뜨기를 한다.
3단: 짧은뜨기에서 빼뜨기. *사슬뜨기 8코 공간에서 [짧은뜨기 2코, 긴뜨기 1코, 1길 긴뜨기 1코, 2길 긴뜨기 2코, 1길 긴뜨기 1코, 긴뜨기 1코, 짧은뜨기 2코].** 짧은뜨기 3코에서 빼뜨기. *부터 4회 반복한 후, *부터 **까지 1회 더 반복. 짧은뜨기에서 빼뜨기.
4단: 빼뜨기 2코와 짧은뜨기 1코에서 빼뜨기. *사슬뜨기 3코. 짧은뜨기와 긴뜨기 건너뜀 후, 1길 긴뜨기에서 [짧은뜨기 1코, 긴뜨기 1코]. 2길 긴뜨기 1코에서 [1길 긴뜨기 1코, 2길 긴뜨기 1코]. 다음 2길 긴뜨기에서 [2길 긴뜨기 1코, 1길 긴뜨기 1코]. 1길 긴뜨기에서 [긴뜨기 1코, 짧은뜨기 1코]. 사슬뜨기 3코. 긴뜨기와 짧은뜨기 건너뜀고, 다음 짧은뜨기에서 빼뜨기.** 빼뜨기 3코 건너뜀고, 짧은뜨기 1코에서 빼뜨기. *부터 4회 반복한 후, *부터 **까지 1회 더 반복한다. 빼뜨기 3코 건너뜀고, 다음 빼뜨기에서 빼뜨기.
5단: *사슬뜨기 5코. 사슬뜨기 3코 공간과 짧은뜨기, 긴뜨기 건너뜀고, 1길 긴뜨기에서 짧은뜨기. 2길 긴뜨기 1코에서 [긴뜨기 1코, 짧은뜨기 1코, 1길 긴뜨기 1코]. 사슬뜨기 4코를 뜬 후, 바늘에서 세 번째 코에서 빼뜨기. 사슬뜨기 1코. 다음 2길 긴뜨기에서 [1길 긴뜨기 1코, 짧은뜨기 1코, 긴뜨기 1코]. 1길 긴뜨기에서 짧은뜨기. 사슬뜨기 5코. 긴뜨기와 짧은뜨기, 사슬뜨기 3코 공간, 빼뜨기 1코 건너뜀고, 빼뜨기 1코(꽃잎과 꽃잎 사이)에서 빼뜨기. *부터 5회 반복한다. 실을 매듭짓고, 남은 실은 보이지 않게 정리한다.

기호 ↬ = 바늘을 꽃잎과 꽃잎 사이에서 고리로 넣어 빼뜨기

중급 디자인 **67**

42 아프리카데이지
완성작 보기 ▶ 31쪽
A B

완성작 지름: 54mm
실: A-진보라색 1.8m, B-연보라색 4.6m

중심
바탕 고리: 진보라색 실(A)로 사슬뜨기 4코를 뜬 후 첫 번째 사슬코에서 빼뜨기를 한다.
1단: 사슬뜨기 1코(짧은뜨기의 기둥코). 고리에서 짧은뜨기 7코. 기둥코에서 빼뜨기를 한다.
2단: 사슬뜨기 2코(긴뜨기의 기둥코). 1단에서 연결하는 빼뜨기를 한 코에서 긴뜨기. 나머지 짧은뜨기 7코의 각 코에서 긴뜨기 2코씩. 연보라색 실(B)로 바꾸어, 기둥코의 두 번째 코에서 빼뜨기를 한다. 계속 연보라색 실로 뜬다.

꽃잎
3단: *사슬뜨기 7코. 사슬뜨기 7코의 두 번째 코에서 [3길 긴뜨기 1코, 사슬뜨기 5코, 빼뜨기]. 사슬뜨기 1코.** 다음 긴뜨기에서 빼뜨기. *부터 14회 반복한 후, *부터 **까지 1회 더 반복한다. 빼뜨기에서 빼뜨기를 한다. 실을 매듭짓고, 남은 실은 보이지 않게 정리한다.

43 분홍바늘꽃
완성작 보기 ▶ 30쪽
A B

완성작 지름: 32mm
실: A-연보라색 1.8m, B-진보라색 0.9m

바탕 고리: 연보라색 실(A)로 사슬뜨기 4코를 뜬 후 첫 번째 사슬코에서 빼뜨기를 한다.
1단: *사슬뜨기 3코를 뜬 후, 고리에서 2길 긴뜨기 1코. 사슬뜨기 2코를 뜬 후, 고리에서 2길 긴뜨기 1코. 사슬뜨기 3코를 뜬 후, 고리에서 빼뜨기. *부터 3회 반복한다. A실을 매듭짓는다.
2단: 진보라색 실(B)로 *꽃잎과 꽃잎 사이에서 고리로 빼뜨기. 사슬뜨기 4코를 뜬 후, 바늘에서 네 번째 코에서 빼뜨기. 사슬뜨기 3코. 사슬코를 다음 꽃잎의 뒤로 가져간다. *부터 3회 반복한다. 빼뜨기에서 빼뜨기를 한다. 실을 매듭짓고, 남은 실은 보이지 않게 정리한다.

| 44 | 큰금계국
완성작 보기 ▶ 35쪽

완성작 지름: 64mm
실: 금색 7.3m

바탕 고리: 사슬뜨기 4코를 뜬 후 첫 번째 사슬코에서 빼뜨기를 한다.
1단: 사슬뜨기 1코(짧은뜨기의 기둥코). 고리에서 짧은뜨기 7코. 기둥코에서 빼뜨기를 한다.
2단: 사슬뜨기 2코(긴뜨기의 기둥코). 1단에서 연결하는 빼뜨기를 한 코에서 긴뜨기. 나머지 짧은뜨기 7코의 각 코에서 긴뜨기 2코씩. 기둥코의 두 번째 코에서 빼뜨기를 한다.
3단: 이번 단은 2단에서 뜬 코의 뒤 가닥에서만 뜬다. 사슬뜨기 5코. 2단에서 연결하는 빼뜨기를 한 코에서 3길 긴뜨기. *긴뜨기 1코에서 [3길 긴뜨기 1코, 사슬뜨기 5코, 빼뜨기].** 긴뜨기 1코에서 [빼뜨기, 사슬뜨기 5코, 3길 긴뜨기 1코]. *부터 6회 반복한 후, *부터 **까지 1회 더 반복한다. 빼뜨기에서 빼뜨기를 한다.
4단: *사슬뜨기 4코. 사슬뜨기 5코 공간의 끝에서 짧은뜨기. 사슬뜨기 3코. 3길 긴뜨기 2코의 각 코에서 [짧은뜨기 1코, 사슬뜨기 5코, 짧은뜨기]. 사슬뜨기 3코. 사슬뜨기 5코 공간에서 짧은뜨기. 사슬뜨기 4코. 빼뜨기 1코 건너뛰고, 빼뜨기 1코에서 빼뜨기. *부터 7회 반복한다. 실을 매듭짓고, 남은 실은 보이지 않게 정리한다.

| 45 | 미니 해바라기
완성작 보기 ▶ 34쪽

A B

완성작 지름: 64mm
실: A-갈색 2.7m, B-금색 6.4m

중심
바탕 고리: 갈색 실(A)로 사슬뜨기 4코를 뜬 후 첫 번째 사슬코에서 빼뜨기를 한다.
1단: 사슬뜨기 3코(1길 긴뜨기의 기둥코). 고리에서 1길 긴뜨기 7코. 기둥코의 세 번째 코에서 빼뜨기를 한다.
2단: 사슬뜨기 1코(짧은뜨기로 계산). *사슬뜨기 2코. 1길 긴뜨기 1코에서 짧은뜨기. *부터 6회 반복한다. 사슬뜨기 2코. 처음 사슬뜨기 1코에서 빼뜨기를 한다.
3단: 사슬뜨기 2코 공간에서 빼뜨기. 사슬뜨기 3코(1길 긴뜨기의 기둥코). 동일한 사슬뜨기 2코 공간에서 1길 긴뜨기 3코. 나머지 사슬뜨기 2코 공간의 각 공간에서 1길 긴뜨기 4코씩. 금색 실(B)로 바꾸어 기둥코의 세 번째 코에서 빼뜨기를 한다. 계속 금색 실로 뜬다.

꽃잎
4단: 이번 단은 3단에서 뜬 코의 뒤 가닥에서만 뜬다. *사슬뜨기 5코. 1길 긴뜨기 2코에서 2길 긴뜨기. 사슬뜨기 5코.** 1길 긴뜨기 2코에서 빼뜨기. *부터 6회 반복한 후, *부터 **까지 1회 더 반복한다. 1길 긴뜨기 1코와 빼뜨기에서 빼뜨기.
5단: *사슬뜨기 5코 공간에서 [짧은뜨기 3코, 긴뜨기 1코]. 2길 긴뜨기 1코에서 [1길 긴뜨기 1코, 2길 긴뜨기 1코]. 다음 2길 긴뜨기에서 [2길 긴뜨기 1코, 1길 긴뜨기 1코]. 사슬뜨기 5코 공간에서 [긴뜨기 1코, 짧은뜨기 3코]. 빼뜨기 1코 건너뛰고, 빼뜨기 1코에서 빼뜨기. *부터 7회 반복한다. 매듭짓고 남은 실은 보이지 않게 정리한다.

46 크리스마스로즈
완성작 보기 ▶ 41쪽

A B C

완성작 지름: 57mm
실: A-노란색 1.8m, B-연분홍색 2.7m, C-포도주색 4.6m

중심
바탕 고리: 노란색 실(A)로 사슬뜨기 4코를 뜬 후 첫 번째 사슬코에서 빼뜨기를 한다.
1단: 사슬뜨기 1코(짧은뜨기의 기둥코). 고리에서 짧은뜨기 9코. 기둥코에서 빼뜨기.
2단: 사슬뜨기 1코(짧은뜨기의 기둥코). 1단에서 연결하는 빼뜨기를 한 코에서 짧은뜨기. 짧은뜨기 9코의 각 코에서 짧은뜨기 2코씩. 연분홍색 실(B)로 바꾸어 기둥코에서 빼뜨기.

꽃잎
3단: *사슬뜨기 3코. 짧은뜨기 1코에서 [2길 긴뜨기 1코, 3길 긴뜨기 1코]. 짧은뜨기 1코에서 [3길 긴뜨기 1코, 2길 긴뜨기 1코]. 사슬뜨기 3코.** 짧은뜨기 2코에서 빼뜨기. *부터 3회 반복한 후, *부터 **까지 1회 더 반복한다. 짧은뜨기 1코에서 빼뜨기. 포도주색 실(C)로 바꾸어 빼뜨기에서 빼뜨기를 한다. 계속 포도주색 실로 뜬다.
4단: *사슬뜨기 4코. 사슬뜨기 3코 공간 건너뛰고. 2길 긴뜨기에서 짧은뜨기. 3길 긴뜨기 1코에서 [긴뜨기 1코, 1길 긴뜨기 1코]. 사슬뜨기 2코. 3길 긴뜨기 1코에서 [1길 긴뜨기 1코, 긴뜨기 1코]. 2길 긴뜨기에서 짧은뜨기. 사슬뜨기 4코. 사슬뜨기 3코 공간과 빼뜨기 1코 건너뛰고. 다음 빼뜨기에서 빼뜨기. *부터 4회 반복한다.
5단: *사슬뜨기 4코 공간에서 짧은뜨기 3코. 짧은뜨기와 긴뜨기. 1길 긴뜨기의 각 코에서 짧은뜨기. 사슬뜨기 2코 부분에서 [짧은뜨기 2코, 사슬뜨기 1코, 짧은뜨기 2코]. 1길 긴뜨기와 긴뜨기. 짧은뜨기의 각 코에서 짧은뜨기. 사슬뜨기 4코 공간에서 짧은뜨기 3코. 빼뜨기에서 빼뜨기. *부터 4회 반복한다. 실을 매듭짓고, 남은 실은 보이지 않게 정리한다.

47 살피글로시스
완성작 보기 ▶ 41쪽

완성작 지름: 54mm
실: A-금색 1.8m, B-진분홍색 5.5m

바탕 고리: 금색 실(A)로 사슬뜨기 5코를 뜬 후 첫 번째 사슬코에서 빼뜨기를 한다.
1단: 사슬뜨기 1코(짧은뜨기의 기둥코). 고리에서 짧은뜨기 9코. 기둥코에서 빼뜨기.
2단: *사슬뜨기 2코. 짧은뜨기 1코에서 [2길 긴뜨기 1코, 사슬뜨기 3코, 2길 긴뜨기 1코]. 사슬뜨기 2코.** 짧은뜨기 1코에서 빼뜨기. *부터 3회 반복한 후, *부터 **까지 1회 더 반복한다. 진분홍색 실(B)로 바꾸어 빼뜨기에서 빼뜨기를 한다. 계속 진분홍색 실로 뜬다.
3단: *사슬뜨기 2코 공간에서 짧은뜨기 2코. 2길 긴뜨기에서 짧은뜨기. 사슬뜨기 3코에서 [1길 긴뜨기 3코, 사슬뜨기 2코, 빼뜨기, 사슬뜨기 2코, 1길 긴뜨기 3코]. 2길 긴뜨기에서 짧은뜨기. 사슬뜨기 2코 공간에서 짧은뜨기 2코. 빼뜨기에서 빼뜨기. *부터 4회 반복.
4단: 짧은뜨기 3코에서 빼뜨기. *1길 긴뜨기 1코에서 짧은뜨기. 1길 긴뜨기 1코에서 긴뜨기. 1길 긴뜨기 1코에서 1길 긴뜨기 3코. 사슬뜨기 2코. 사슬뜨기 2코 공간 건너뛰고. 빼뜨기에서 빼뜨기. 사슬뜨기 2코. 사슬뜨기 2코 공간 건너뛰고. 1길 긴뜨기 1코에서 1길 긴뜨기 3코. 1길 긴뜨기 1코에서 긴뜨기. 1길 긴뜨기 1코에서 짧은뜨기. 짧은뜨기 1코에서 빼뜨기.** 짧은뜨기 2코와 빼뜨기 1코. 짧은뜨기 2코 건너뛰고. 짧은뜨기 1코에서 빼뜨기. *부터 3회 반복한 후, *부터 **까지 1회 더 반복한다. 짧은뜨기 2코와 빼뜨기 3코 건너뛰고, 빼뜨기에서 빼뜨기를 한다. 실을 매듭짓고, 남은 실은 보이지 않게 정리한다.

48 보라할미꽃
완성작 보기 ▶ 30쪽

완성작 지름: 57mm
실: A-금색 0.9m, B-진보라색 3.7m

중심
바탕 고리: 금색 실(A)로 사슬뜨기 4코를 뜬 후 첫 번째 사슬코에서 빼뜨기를 한다.
1단: 사슬뜨기 1코(짧은뜨기로 계산). *사슬뜨기 2코. 고리에서 짧은뜨기. *부터 4회 반복한다. 사슬뜨기 2코. 짧은뜨기로 계산한 첫 번째 사슬뜨기 1코에서 빼뜨기를 한다.
2단: 사슬뜨기 2코 공간에서 빼뜨기. 사슬뜨기 1코(짧은뜨기의 기둥코). 동일한 사슬뜨기 2코 공간에서 짧은뜨기. 나머지 사슬뜨기 2코 공간 5곳의 각 공간에서 짧은뜨기 2코씩. 진보라색 실(B)로 바꾸어, 기둥코에서 빼뜨기. 계속 진보라색 실로 뜬다.
꽃잎
3단: 짧은뜨기 1코에서 빼뜨기. *사슬뜨기 6코를 뜨고 그중 첫 번째 코에서 [3길 긴뜨기 2코, 사슬뜨기 3코를 뜬 후 바늘에서 세 번째 코에서 빼뜨기, 3길 긴뜨기 2코, 사슬뜨기 5코, 빼뜨기].** 짧은뜨기 2코에서 빼뜨기. *부터 4회 반복한 후, *부터 **까지 1회 더 반복한다. 빼뜨기에서 빼뜨기를 한다. 실을 매듭짓고, 남은 실은 보이지 않게 정리한다.

49 층층나무꽃
완성작 보기 ▶ 30쪽

완성작 지름: 60mm
실: A-노란색 0.9m, B-연분홍색 6.4m

중심
바탕 고리: 노란색 실(A)로 사슬뜨기 4코를 뜬 후 첫 번째 사슬코에서 빼뜨기를 한다.
1단: 사슬뜨기 1코(짧은뜨기의 기둥코). 고리에서 짧은뜨기 7코. 기둥코에서 빼뜨기.
2단: 사슬뜨기 1코(짧은뜨기의 기둥코). 1단에서 연결하는 빼뜨기를 한 코에서 짧은뜨기. 나머지 짧은뜨기 7코의 각 코에서 짧은뜨기 2코씩. 연분홍색 실(B)로 바꾸어, 기둥코에서 빼뜨기. 계속 연분홍색 실로 뜬다.

꽃잎
3단: *사슬뜨기 5코. 짧은뜨기 2코에서 2길 긴뜨기. 사슬뜨기 5코.** 짧은뜨기 2코에서 빼뜨기. *부터 2회 반복. *부터 **까지 1회 반복. 짧은뜨기 1코에서 빼뜨기 후 빼뜨기에서 빼뜨기.
4단: *사슬뜨기 5코 공간에서 짧은뜨기 3코. 2길 긴뜨기 1코에서 [tr 1코, dtr 1코, ch 1코, dtr 1코]. 다음 2길 긴뜨기에서 [dtr 1코, ch 1코, dtr 1코, tr 1코]. 사슬뜨기 5코 공간에서 짧은뜨기 3코.** 빼뜨기 1코 건너뛰고, 다음 빼뜨기에서 빼뜨기. *부터 2회 반복 후 *부터 **까지 1회 더 반복. 빼뜨기 1코 건너뛰고, 다음 빼뜨기 위에서 아랫단(2단) 위로 넣어 빼뜨기.
5단: *사슬뜨기 3코. 짧은뜨기 3코 건너뛰기. 1길 긴뜨기에서 짧은뜨기. 2길 긴뜨기에서 긴뜨기. 사슬뜨기 1코 공간에서 1길 긴뜨기 3코. 사슬뜨기 2코. 2길 긴뜨기에서 빼뜨기. 사슬뜨기 2코. 사슬뜨기 1코 공간에서 1길 긴뜨기 3코. 2길 긴뜨기에서 긴뜨기. 1길 긴뜨기에서 짧은뜨기. 사슬뜨기 3코. 짧은뜨기 3코 건너뛰기.** 다음 빼뜨기 위에서 아랫단 빼뜨기로 넣어 빼뜨기. *부터 2회 반복 후 *부터 **까지 1회 더 반복. 빼뜨기에서 빼뜨기를 한다. 실을 매듭짓고, 남은 실은 보이지 않게 정리한다.

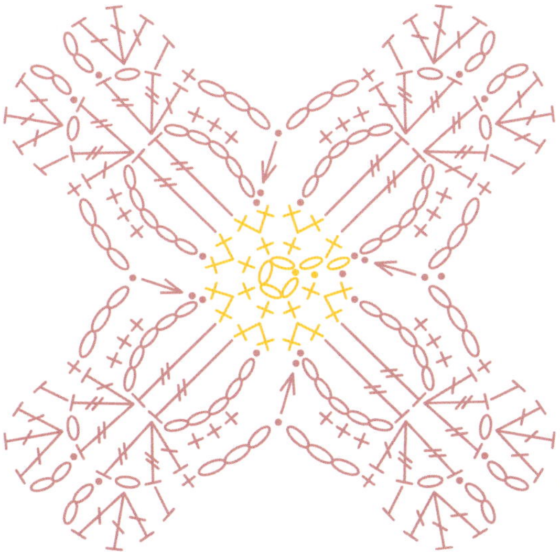

50 오렌지꽃
완성작 보기 ▶ 28쪽

완성작 지름: 51mm
실: A-노란색 0.9m, B-흰색 3.7m

중심
바탕 고리: 노란색 실(A)로 사슬뜨기 4코를 뜬 후 첫 번째 사슬코에서 빼뜨기를 한다.
1단: 사슬뜨기 1코(짧은뜨기의 기둥코). 고리에서 짧은뜨기 9코. 흰색 실(B)로 바꾸어 기둥코에서 빼뜨기를 한다. 계속 흰색 실로 뜬다.

꽃잎
2단: *사슬뜨기 7코를 뜨고 그중 첫 번째 코에서 [3길 긴뜨기 1코, 사슬뜨기 6코, 빼뜨기].** 1단에서 연결하는 빼뜨기를 한 코에서 빼뜨기.*** 사슬뜨기 1코. 짧은뜨기 1코 건너뛰고, 다음 짧은뜨기 1코에서 [짧은뜨기에서 *부터 **까지 반복, 짧은뜨기에서 빼뜨기]. ***부터 3회 반복한다. 사슬뜨기 1코. 짧은뜨기 1코 건너뛰고, 빼뜨기에서 빼뜨기를 한다.
3단: *다음 꽃잎이 시작되는 사슬코에서 짧은뜨기. 사슬뜨기 6코 공간에서 짧은뜨기 4코. 3길 긴뜨기에서 [짧은뜨기 2코, 사슬뜨기 1코, 짧은뜨기 2코]. 사슬뜨기 6코 공간에서 짧은뜨기 4코. 꽃잎이 시작되는 코에서 짧은뜨기. 꽃잎과 꽃잎 사이의 사슬뜨기 1코 공간에서 빼뜨기. *부터 4회 반복한다. 실을 매듭짓고, 남은 실은 보이지 않게 정리한다.

51 해바라기

완성작 보기 ▶ 37쪽

A B

완성작 지름: 89mm
실: A-갈색 5.5m, B-금색 13.7m

중심

바탕 고리: 갈색 실(A)로 사슬뜨기 4코를 뜬 후 첫 번째 사슬코에서 빼뜨기를 한다.
1단: 사슬뜨기 3코(1길 긴뜨기의 기둥코). 고리에서 1길 긴뜨기 7코. 기둥코의 세 번째 코에서 빼뜨기를 한다.
2단: 사슬뜨기 1코(짧은뜨기의 기둥코). *사슬뜨기 2코. 1길 긴뜨기 1코에서 짧은뜨기. *부터 6회 반복한다. 사슬뜨기 2코를 뜬 후. 기둥코에서 빼뜨기를 한다.
3단: 사슬뜨기 2코 공간에서 빼뜨기. 사슬뜨기 1코(짧은뜨기의 기둥코). 동일한 사슬뜨기 2코 공간에서 짧은뜨기 2코. 나머지 사슬뜨기 2코 공간 7곳의 각 공간에서 짧은뜨기 3코씩. 기둥코에서 빼뜨기를 한다.
4단: 사슬뜨기 1코(짧은뜨기의 기둥코). *사슬뜨기 2코. 짧은뜨기 1코에서 짧은뜨기. *부터 22회 반복한다. 사슬뜨기 2코. 기둥코에서 빼뜨기를 한다.
5단: 사슬뜨기 2코 공간에서 빼뜨기. 사슬뜨기 3코(1길 긴뜨기의 기둥코). 동일한 사슬뜨기 2코 공간에서 1길 긴뜨기. 나머지 사슬뜨기 2코 공간 23곳의 각 공간에서 1길 긴뜨기 2코씩. 금색 실(B)로 바꾸어 기둥코의 세 번째 코에서 빼뜨기를 한다. 계속 금색 실로 뜬다.

꽃잎

6단: 이번 단은 5단에서 뜬 코의 뒤 가닥에서만 뜬다. *사슬뜨기 5코. 1길 긴뜨기 2코에서 2길 긴뜨기. 사슬뜨기 5코.** 1길 긴뜨기 1코에서 빼뜨기. *부터 14회 반복한 후, *부터 **까지 1회 더 반복한다. 빼뜨기에서 빼뜨기를 한다.
7단: *사슬뜨기 5코 공간에서 [짧은뜨기 3코, 긴뜨기 1코]. 2길 긴뜨기 1코에서 [1길 긴뜨기 1코, 2길 긴뜨기 1코]. 사슬뜨기 4코. 다음 2길 긴뜨기에서 [2길 긴뜨기 1코, 1길 긴뜨기 1코]. 사슬뜨기 5코 공간에서 [긴뜨기 1코, 짧은뜨기 1코]. 빼뜨기에서 빼뜨기. *부터 15회 반복한다. 실을 매듭짓고, 남은 실은 보이지 않게 정리한다.

52 가자니아

완성작 보기 ▶ 38쪽

A B C

완성작 지름: 70mm
실: A-금색 1.8m, B-포도주색 9.1m, C-주황색 4.6m

중심
바탕 고리: 금색 실(A)로 사슬뜨기 4코를 뜬 후 첫 번째 사슬코에서 빼뜨기를 한다.
1단: 사슬뜨기 1코(짧은뜨기의 기둥코). 고리에서 짧은뜨기 7코. 기둥코에서 빼뜨기.
2단: 사슬뜨기 3코(1길 긴뜨기의 기둥코). 1단에서 연결하는 빼뜨기를 한 코에서 1길 긴뜨기. 나머지 짧은뜨기 7코의 각 코에서 1길 긴뜨기 2코씩. 포도주색 실(B)로 바꾸어, 기둥코의 세 번째 코에서 빼뜨기를 한다. 계속 포도주색 실로 뜬다.
3단: 사슬뜨기 1코(짧은뜨기의 기둥코). 1길 긴뜨기 1코에서 짧은뜨기. *사슬뜨기 2코. 1길 긴뜨기 2코에서 짧은뜨기. *부터 6회 반복한다. 사슬뜨기 2코. 기둥코에서 빼뜨기를 한다.

꽃잎
4단: 사슬뜨기 5코(2길 긴뜨기의 기둥코). 짧은뜨기에서 2길 긴뜨기. *사슬뜨기 5코. 사슬뜨기 2코 공간에서 빼뜨기. 사슬뜨기 5코.** 짧은뜨기 2코에서 2길 긴뜨기. *부터 6회 반복한 후, *부터 **까지 1회 더 반복한다. 기둥코의 다섯 번째 코에서 빼뜨기를 한다.
5단: 사슬뜨기 3코(1길 긴뜨기로 계산). *사슬뜨기 2코. 2길 긴뜨기 1코에서 1길 긴뜨기. 사슬뜨기 5코 공간에서 [긴뜨기 1코, 짧은뜨기 4코]. 빼뜨기에서 빼뜨기. 사슬뜨기 5코 공간에서 [짧은뜨기 4코, 긴뜨기 1코].** 2길 긴뜨기 1코에서 1길 긴뜨기. *부터 6회 반복한 후, *부터 **까지 1회 더 반복한다. 주황색 실(C)로 바꾸어, 처음 사슬뜨기 3코의 세 번째 코에서 빼뜨기를 한다. 계속 주황색 실로 뜬다.
6단: 사슬뜨기 2코(긴뜨기의 기둥코). *사슬뜨기 2코 공간에서 [긴뜨기 1코, 사슬뜨기 3코, 긴뜨기 1코]. 1길 긴뜨기와 긴뜨기의 각 코에서 긴뜨기. 짧은뜨기 2코에서 짧은뜨기. 사슬뜨기 3코. 짧은뜨기 2코 건너뛰고, 빼뜨기 위에서 아랫단(4단) 빼뜨기로 넣어 빼뜨기. 사슬뜨기 3코. 짧은뜨기 2코 건너뛰고, 짧은뜨기 2코에서 짧은뜨기.** 긴뜨기와 1길 긴뜨기의 각 코에서 긴뜨기. *부터 6회 반복한 후, *부터 **까지 1회 더 반복. 긴뜨기에서 긴뜨기. 기둥코의 두 번째 코에서 빼뜨기. 매듭짓고 남은 실은 보이지 않게 정리한다.

53 클레마티스

완성작 보기 ▶ 32쪽

A　B

완성작 지름: 105mm
실: A-진보라색 5.5m, B-연보라색 11m

중심
바탕 고리: 진보라색 실(A)로 사슬뜨기 4코를 뜬 후 첫째 사슬코에서 빼뜨기.
1단: 사슬뜨기 1코(짧은뜨기의 기둥코). 고리에서 짧은뜨기 7코. 기둥코에서 빼뜨기.

꽃잎
2단: 사슬뜨기 1코(짧은뜨기로 계산). *사슬뜨기 16코. 2코 건너뛰고 사슬코를 따라 14코에서 짧은뜨기를 떠서 꽃잎을 뜬다.** 다시 고리로 돌아와, 다음 짧은뜨기에서 짧은뜨기를 한다. *부터 6회 반복한 후, *부터 **까지 1회 더 반복한다. 연보라색 실(B)로 바꾸어, 처음 사슬뜨기 1코에서 빼뜨기를 한다.
3단: *다음 꽃잎의 첫 번째 사슬코에서 빼뜨기. 사슬뜨기 2코에서 짧은뜨기. 사슬뜨기 1코에서 긴뜨기. 사슬뜨기 2코에서 1길 긴뜨기. 사슬뜨기 2코에서 2길 긴뜨기. 사슬뜨기 3코에서 1길 긴뜨기. 사슬뜨기 1코에서 긴뜨기. 사슬뜨기 2코에서 짧은뜨기. 사슬뜨기 2코 부분에서 [짧은뜨기 1코, 사슬뜨기 4코, 짧은뜨기 1코]. 짧은뜨기 2코에서 짧은뜨기. 짧은뜨기 1코에서 긴뜨기. 짧은뜨기 3코에서 1길 긴뜨기. 짧은뜨기 2코에서 2길 긴뜨기. 짧은뜨기 2코에서 1길 긴뜨기. 짧은뜨기 1코에서 긴뜨기. 짧은뜨기 2코에서 짧은뜨기.** 짧은뜨기 2코에서 빼뜨기. *부터 6회 반복한 후, *부터 **까지 1회 더 반복한다. 짧은뜨기 1코와 빼뜨기에서 빼뜨기. 실을 매듭짓고, 남은 실은 보이지 않게 정리한다.

중급 디자인 75

| 54 | **백묘국**
완성작 보기 ▶ 28쪽 |

완성작 지름: 57mm
실: 흰색 8.2m

오른쪽: 사슬뜨기 6코. *사슬뜨기 2코. 사슬뜨기 5코를 뜬 후, 바늘에서 다섯 번째 코에서 빼뜨기. 사슬뜨기 10코를 뜬 후, 바늘에서 열 번째 코에서 빼뜨기. 사슬뜨기 2코의 두 번째와 첫 번째 코에서 짧은뜨기.** 사슬뜨기 4코. *부터 **까지 반복한다.

끝: 사슬뜨기 4코. 사슬뜨기 5코를 뜬 후, 바늘에서 다섯 번째 코에서 빼뜨기. 사슬뜨기 5코를 뜨고 그중 첫 번째 코에서 [2길 긴뜨기 2코, 사슬뜨기 4코, 빼뜨기]. 사슬뜨기 5코를 뜬 후, 바늘에서 다섯 번째 코에서 빼뜨기. 나뭇잎을 거슬러 올라가 사슬뜨기 4코에서 짧은뜨기.

왼쪽: *사슬뜨기 2코. 사슬뜨기 10코를 뜬 후, 바늘에서 열 번째 코에서 빼뜨기. 사슬뜨기 5코를 뜬 후, 바늘에서 다섯 번째 코에서 빼뜨기. 사슬뜨기 2코의 두 번째와 첫 번째 코에서 짧은뜨기.** 줄기로 돌아와 다음 사슬뜨기 4코에서 짧은뜨기(비어 있는 사코에서만 뜨고, 반대 잎의 뿌리 부분에서는 뜨지 않는다). *부터 **까지 반복한다. 다음 사슬뜨기 6코에서 짧은뜨기.
완전한 잎사귀를 두 장 더 만들어 총 세 장을 연결한다. 실을 매듭짓고, 남은 실은 보이지 않게 정리한다.

55 포인세티아

완성작 보기 ▶ 42쪽

A B

완성작 지름: 102mm
실: A-금색 0.9m, B-다홍색 19.2m

중심
바탕 고리: 금색 실(A)로 사슬뜨기 4코. 첫 번째 사슬코에서 빼뜨기.
1단: 사슬뜨기 1코(짧은뜨기의 기둥코). 고리에서 짧은뜨기 6코. 다홍색 실(B)로 바꾸어 기둥코에서 빼뜨기.

꽃잎
2단: *사슬뜨기 10코. 그중 네 번째 코에서 [trtr 3코, ch 6코 후 바늘에서 여섯 번째 코에서 ss, trtr 3코, ch 6코, ss]. 사슬뜨기 3코.** 1단을 연결하는 빼뜨기를 한 코에서 빼뜨기. 짧은뜨기 6코의 각 코에서 [짧은뜨기에서 빼뜨기, *부터 **까지 반복, 동일한 짧은뜨기에서 빼뜨기]. 빼뜨기에서 빼뜨기.
3단: *사슬뜨기 3코 공간에서 짧은뜨기 3코. 사슬뜨기 6코 공간에서 짧은뜨기 4코. 3길 긴뜨기 1코에서 1길 긴뜨기 2코. 3길 긴뜨기 2코의 각 코에서 2길 긴뜨기 2코. 사슬뜨기 6코 부분에서 [dtr 3코, trtr 1코, ch 4코 후 바늘에서 네 번째 코에서 ss, trtr 1코, dtr 3코]. 3길 긴뜨기 2코의 각 코에서 2길 긴뜨기 2코씩. 3길 긴뜨기 1코에서 1길 긴뜨기 2코. 사슬뜨기 6코 공간에서 짧은뜨기 4코. 사슬뜨기 3코 공간에서 짧은뜨기 3코. 빼뜨기 1코 건너뛰고, 빼뜨기 1코에서 빼뜨기. *부터 6회 반복. 매듭짓고 남은 실은 보이지 않게 정리한다.

중급 디자인 77

56 매발톱꽃
완성작 보기 ▶ 42쪽

A ○ B ● C ○

완성작 지름: 51mm
실: A-흰색 2.7m, B-포도주색 4.6m, C-노란색 0.9m

안쪽 꽃
바탕 고리: 흰색 실(A)로 사슬뜨기 4코를 뜬 후 첫 번째 사슬코에서 빼뜨기.
1단: 사슬뜨기 1코(짧은뜨기로 계산). *사슬뜨기 6코. 고리에서 짧은뜨기. *부터 3회 반복한다. 사슬뜨기 6코. 처음 사슬뜨기 1코에서 빼뜨기를 한다.
2단: 사슬뜨기 6코 고리에서 빼뜨기한 후, 사슬뜨기 1코(짧은뜨기의 기둥코). 동일한 사슬뜨기 6코 고리에서 [dc 1코, htr 4코, dc 2코]. 나머지 사슬뜨기 6코 고리 네 개의 각 고리에서 [dc 2코, htr 4코, dc 2코]. 기둥코에서 빼뜨기를 한다. 흰색 실을 매듭짓는다.

바깥쪽 꽃
바탕 고리: 포도주색 실(B)로 사슬뜨기 4코를 뜬 후 첫 번째 사슬코에서 빼뜨기.
1단: 사슬뜨기 3코(1길 긴뜨기의 기둥코). 고리에서 1길 긴뜨기 9코. 기둥코의 셋째 코에서 빼뜨기.
2단: *사슬뜨기 2코. 1길 긴뜨기에서 [tr 1코, dtr 1코, ch 1코, dtr 1코, tr 1코]. 사슬뜨기 2코.** 1길 긴뜨기 1코에서 빼뜨기. *부터 3회 반복한 후, *부터 **까지 1회 더 반복한다. 빼뜨기에서 빼뜨기를 한다.
3단: *사슬뜨기 5코. 다음 꽃잎의 끝에 있는 사슬뜨기 2코 공간에서 1길 긴뜨기. 사슬뜨기 3코. 바늘에서 세 번째 코에서 빼뜨기. 동일한 사슬뜨기 2코 공간에서 1길 긴뜨기. 사슬뜨기 5코. 꽃잎과 꽃잎 사이의 다음 빼뜨기에서 빼뜨기. *부터 4회 반복. 매듭짓고 남은 실은 보이지 않게 정리한다.

이어 붙이기
12cm 길이로 자른 노란색 실(C) 여섯 가닥의 한쪽 끝을 한꺼번에 묶는다. 묶지 않은 쪽을 안쪽 꽃과 바깥쪽 꽃 가운데로 통과시키고 반대쪽에서 묶는다(코바늘을 이용해서 매듭의 자리를 잡는다). 끝을 다듬는다.

57 잠자리
완성작 보기 ▶ 29쪽

완성작 지름: 60mm
실: 짙은 파란색 3.7m

바탕 고리: 사슬뜨기 6코를 뜬 후 첫 번째 사슬코에서 빼뜨기.
1단: 사슬뜨기 1코(짧은뜨기의 기둥코). 고리에서 짧은뜨기 11코. 첫째 사슬코에서 빼뜨기.
2단: 사슬뜨기 1코(짧은뜨기의 기둥코). 짧은뜨기 1코에서 [dc 1코, ch 5코, dc 1코]. *짧은뜨기 1코에서 짧은뜨기. 짧은뜨기 1코에서 [dc 1코, ch 10코, dc 1코].** *부터 **까지 1회 반복한다. 짧은뜨기 1코에서 짧은뜨기. 짧은뜨기 1코에서 [dc 1코, ch 8코, dc 1코]. *부터 **까지 2회 반복한다. 기둥코에서 빼뜨기를 한다.
3단: 짧은뜨기에서 빼뜨기. 사슬뜨기 5코 고리에서 짧은뜨기 7코. 짧은뜨기 2코에서 빼뜨기. *사슬뜨기 8코. 짧은뜨기 1코 건너뛰고, 사슬뜨기 10코 고리의 가운데에서 3길 긴뜨기. 사슬뜨기 8코.** 짧은뜨기 1코 건너뛰고, 짧은뜨기 1코에서 빼뜨기.*** *부터 ***까지 1회 반복한다. 다음 짧은뜨기에서 빼뜨기. 사슬뜨기 8코 공간에서 [dc 3코, ch 4코, trtr 1코, ch 4코 후 바늘에서 세 번째 코에서 ss, ch 1코, trtr 1코, ch 4코, dc 3코]. 짧은뜨기 2코에서 빼뜨기. *부터 ***까지 1회 반복한 후, *부터 **까지 1회 더 반복한다. 짧은뜨기 1코 건너뛰고, 빼뜨기에서 빼뜨기를 한다. 실을 매듭짓고, 남은 실은 보이지 않게 정리한다.

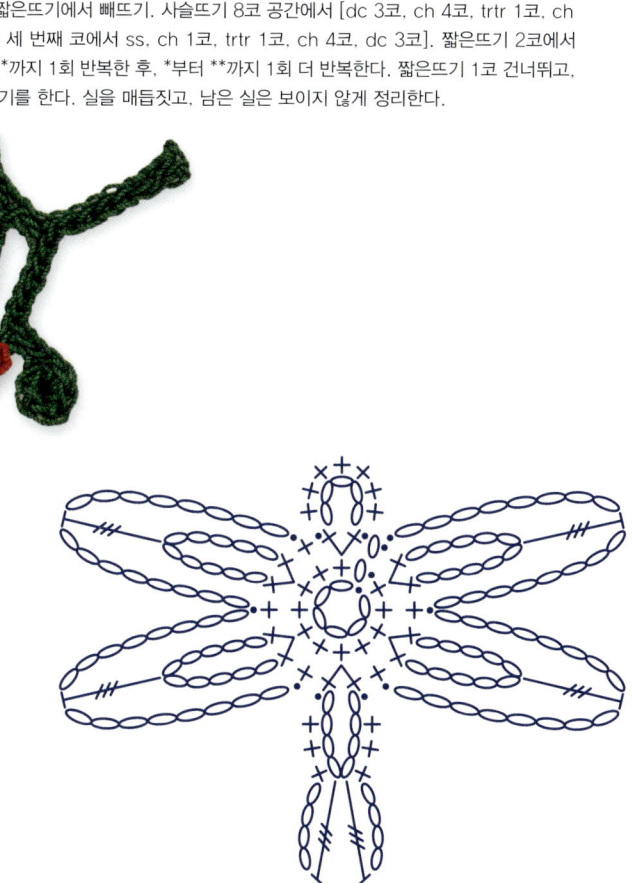

58 프란지파니
완성작 보기 ▶ 32쪽 A B

완성작 지름: 70mm
실: A-노란색 2.7m, B-연분홍색 8.2m

바탕 고리: 노란색 실(A)로 사슬뜨기 6코를 뜬 후 첫 번째 사슬코에서 빼뜨기를 한다.
1단: *사슬뜨기 6코. 고리에서 3길 긴뜨기 2코. 사슬뜨기 6코를 뜬 후 고리에서 빼뜨기. *부터 4회 반복한다. 노란색 실을 매듭짓는다.
2단: 연분홍색 실(B)로 꽃잎과 꽃잎 사이에서 바늘을 빼뜨기 위에서 바탕 고리로 넣어 빼뜨기. *사슬뜨기 5코. 사슬뜨기 6코 공간의 끝에서 긴뜨기. 3길 긴뜨기 1코에서 [1길 긴뜨기 1코, 2길 긴뜨기 1코]. 사슬뜨기 2코. 다음 3길 긴뜨기에서 [2길 긴뜨기 1코, 1길 긴뜨기 1코]. 사슬뜨기 6코 공간에서 긴뜨기. 사슬뜨기 5코. 바늘을 빼뜨기 위에서 바탕 고리로 넣어 빼뜨기. *부터 4회 반복.
3단: *사슬뜨기 5코 공간에서 짧은뜨기 5코. 긴뜨기 건너뛰고, 1길 긴뜨기에서 1길 긴뜨기 2코. 2길 긴뜨기에서 [1길 긴뜨기 1코, 2길 긴뜨기 1코]. 사슬뜨기 2코 공간에서 [2길 긴뜨기 2코, 사슬뜨기 2코, 2길 긴뜨기 2코]. 2길 긴뜨기에서 [2길 긴뜨기 1코, 1길 긴뜨기 1코]. 1길 긴뜨기에서 1길 긴뜨기 2코. 긴뜨기 건너뛰고, 사슬뜨기 5코 공간에서 짧은뜨기 5코.** 바늘을 빼뜨기 위에서 바탕 고리로 넣어 빼뜨기. *부터 3회 반복, *부터 **까지 1회 더 반복. 빼뜨기. 매듭짓고 남은 실은 보이지 않게 정리한다.

59 에키네시아
완성작 보기 ▶ 42쪽 A B

완성작 지름: 102mm
실: A-갈색 1.8m, B-진분홍색 10.1m

중심
바탕 고리: 갈색 실(A)로 사슬뜨기 4코를 뜬 후 첫 번째 사슬코에서 빼뜨기를 한다.
1단: 사슬뜨기 1코(짧은뜨기의 기둥코). 고리에서 짧은뜨기 7코. 기둥코에서 빼뜨기.
2단: 사슬뜨기 1코(짧은뜨기의 기둥코). 1단에서 연결하는 빼뜨기를 한 코에서 짧은뜨기. 나머지 짧은뜨기 7코의 각 코에서 짧은뜨기 2코씩. 기둥코에서 빼뜨기.
3단: 사슬뜨기 1코(짧은뜨기의 기둥코). 짧은뜨기 15코의 뒤 가닥에서 짧은뜨기. 기둥코에서 빼뜨기.
4단: 사슬뜨기 1코(짧은뜨기의 기둥코). 짧은뜨기 15코의 뒤 가닥에서 짧은뜨기. 진분홍색 실(B)로 바꾸어 기둥코에서 빼뜨기를 한다. 계속 진분홍색 실로 뜬다.
꽃잎
5단: *사슬뜨기 18코를 뜬 후 바늘에서 네 번째 코에서 긴뜨기. 꽃잎을 따라 [사슬뜨기 1코, 사슬뜨기 1코 건너뛰고, 사슬뜨기 1코에서 긴뜨기]를 7회 반복.** 마지막 빼뜨기를 한 코에서 빼뜨기. 나머지 짧은뜨기 17코 각 코의 뒤 가닥에서 [짧은뜨기에서 빼뜨기, *부터 **까지 반복, 동일한 짧은뜨기에서 빼뜨기]. 실을 매듭짓고, 남은 실은 보이지 않게 정리한다.

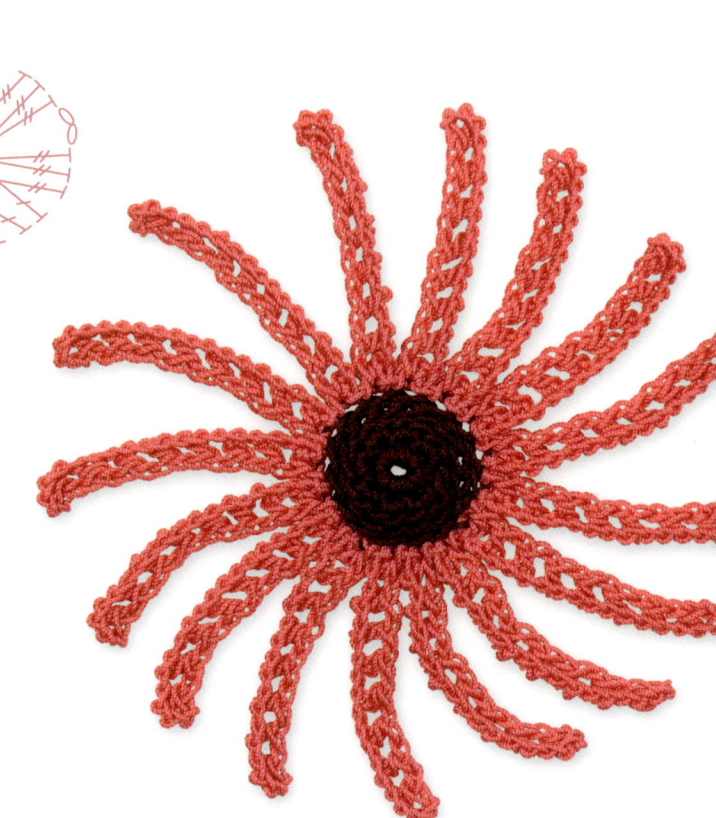

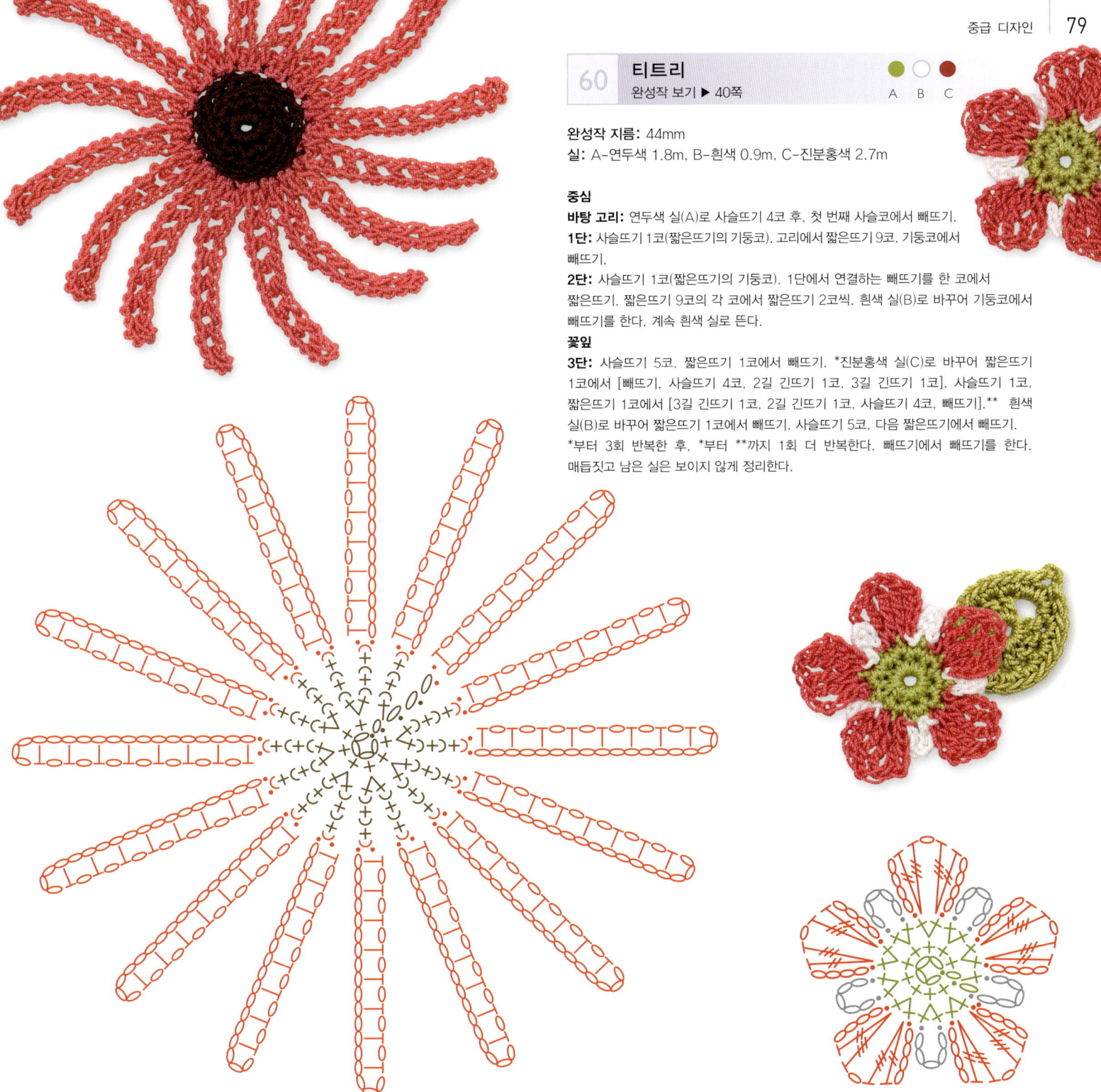

60 티트리

완성작 보기 ▶ 40쪽

A B C

완성작 지름: 44mm
실: A-연두색 1.8m, B-흰색 0.9m, C-진분홍색 2.7m

중심
바탕 고리: 연두색 실(A)로 사슬뜨기 4코 후, 첫 번째 사슬코에서 빼뜨기.
1단: 사슬뜨기 1코(짧은뜨기의 기둥코). 고리에서 짧은뜨기 9코. 기둥코에서 빼뜨기.
2단: 사슬뜨기 1코(짧은뜨기의 기둥코). 1단에서 연결하는 빼뜨기를 한 코에서 짧은뜨기. 짧은뜨기 9코의 각 코에서 짧은뜨기 2코씩. 흰색 실(B)로 바꾸어 기둥코에서 빼뜨기를 한다. 계속 흰색 실로 뜬다.

꽃잎
3단: 사슬뜨기 5코. 짧은뜨기 1코에서 빼뜨기. *진분홍색 실(C)로 바꾸어 짧은뜨기 1코에서 [빼뜨기, 사슬뜨기 4코, 2길 긴뜨기 1코, 3길 긴뜨기 1코], 사슬뜨기 1코, 짧은뜨기 1코에서 [3길 긴뜨기 1코, 2길 긴뜨기 1코, 사슬뜨기 4코, 빼뜨기].** 흰색 실(B)로 바꾸어 짧은뜨기 1코에서 빼뜨기, 사슬뜨기 5코. 다음 짧은뜨기에서 빼뜨기. *부터 3회 반복한 후, *부터 **까지 1회 더 반복한다. 빼뜨기에서 빼뜨기를 한다. 매듭짓고 남은 실은 보이지 않게 정리한다.

기호 ↔ = 빼뜨기 위에서 바탕 고리로 넣어 빼뜨기

61 금잔화

완성작 보기 ▶ 34쪽

A B

완성작 지름: 54mm
실: A-갈색 1.8m, B-주황색 6.4m

중심
바탕 고리: 갈색 실(A)로 사슬뜨기 4코를 뜬 후 첫 번째 사슬코에서 빼뜨기를 한다.
1단: 사슬뜨기 1코(짧은뜨기의 기둥코). 고리에서 짧은뜨기 7코. 기둥코에서 빼뜨기.
2단: 사슬뜨기 2코(긴뜨기의 기둥코). 1단에서 연결하는 빼뜨기를 한 코에서 긴뜨기. 나머지 짧은뜨기 7코의 각 코에서 긴뜨기 2코씩. 주황색 실(B)로 바꾸어 기둥코의 두 번째 코에서 빼뜨기를 한다. 계속 주황색 실로 뜬다.

꽃잎
3단: *사슬뜨기 10코를 뜬 후 바늘에서 열 번째 코에서 빼뜨기.** 다음 긴뜨기의 앞 가닥에서 빼뜨기. *부터 14회 반복한 후, *부터 **까지 1회 더 반복한다. 빼뜨기에서 빼뜨기를 한다.
4단: 사슬뜨기 2코(긴뜨기의 기둥코). 이번 단은 바늘을 3단의 뒤에서 2단 뒤 가닥으로 넣어서 뜬다. *사슬뜨기 1코. 긴뜨기 1코에서 긴뜨기. *부터 14회 반복한다. 사슬뜨기 1코. 기둥코의 두 번째 코에서 빼뜨기.
5단: 다음 사슬뜨기 1코 공간에서 빼뜨기. 사슬뜨기 5코. 사슬뜨기 5코의 첫 번째 코에서 [2길 긴뜨기 1코, 사슬뜨기 4코, 빼뜨기]. *부터 15회 반복한다. 빼뜨기에서 빼뜨기를 한다. 실을 매듭짓고, 남은 실은 보이지 않게 정리한다.

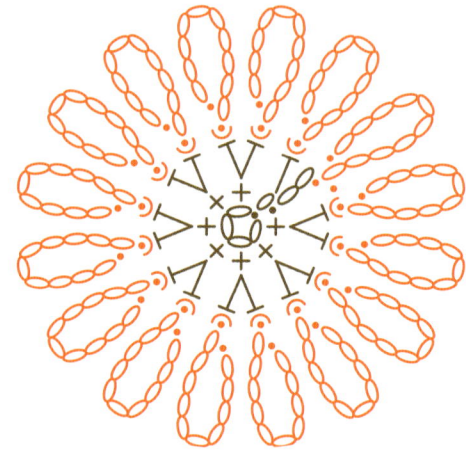

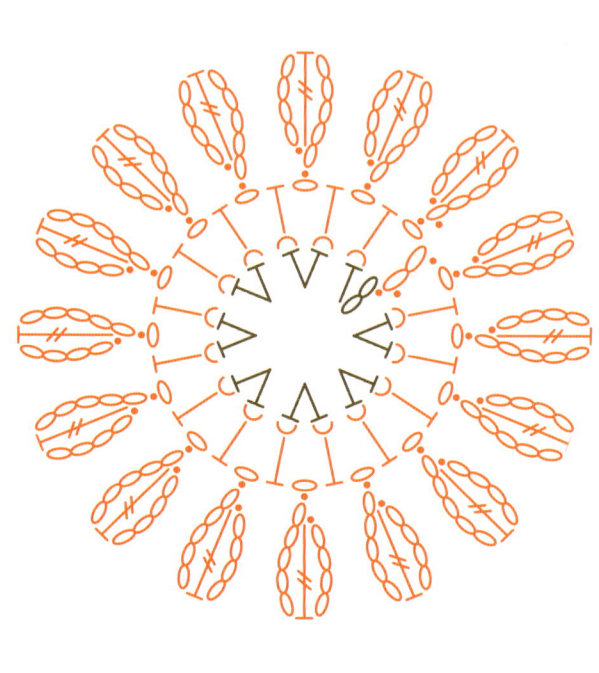

| 62 | **베르가모트**
완성작 보기 ▶ 43쪽

완성작 지름: 76mm
실: 다홍색 9.1m

중심
바탕 고리: 사슬뜨기 4코를 뜬 후 첫 번째 사슬코에서 빼뜨기를 한다.
1단: 사슬뜨기 1코(짧은뜨기의 기둥코). 고리에서 짧은뜨기 7코. 기둥코에서 빼뜨기.
2단: 사슬뜨기 1코(짧은뜨기의 기둥코). 1단에서 연결하는 빼뜨기를 한 코에서 짧은뜨기. 나머지 짧은뜨기 7코의 각 코에서 짧은뜨기 2코씩. 기둥코에서 빼뜨기를 한다.

꽃잎
3단: *사슬뜨기 5코 후 바늘에서 다섯 번째 코에서 2길 긴뜨기. 사슬뜨기 8코 후 바늘에서 네 번째 코에서 빼뜨기. 사슬뜨기 3코를 뜨고, 사슬뜨기 8코의 첫 번째 코에서 빼뜨기. 마지막 2길 긴뜨기를 한 코에서 [2길 긴뜨기 1코, 사슬뜨기 4코, 빼뜨기].** 다음 짧은뜨기 2코의 앞 가닥에서 빼뜨기. *부터 6회 반복 후, *부터 **까지 1회 더 반복. 짧은뜨기 1코의 앞 가닥에서 빼뜨기. 빼뜨기에서 빼뜨기.
4단: 사슬뜨기 2코(긴뜨기의 기둥코). 이번 단은 3단의 뒤에서 바늘을 2단에서 뜬 짧은뜨기 15코 각 코의 뒤 가닥으로 넣어 긴뜨기를 뜬다. 기둥코의 두 번째 코에서 빼뜨기를 한다.
5단: *사슬뜨기 5코 후 바늘에서 다섯 번째 코에서 2길 긴뜨기. 사슬뜨기 8코 후 바늘에서 넷째 코에서 빼뜨기. 사슬뜨기 3코 후 사슬뜨기 8코의 첫 번째 코에서 빼뜨기. 마지막 2길 긴뜨기를 한 코에서 [2길 긴뜨기 1코, 사슬뜨기 4코, 빼뜨기].** 다음 긴뜨기 2코에서 빼뜨기. *부터 6회 반복, *부터 **까지 1회 더 반복. 긴뜨기 1코에서 빼뜨기. 빼뜨기에서 빼뜨기.

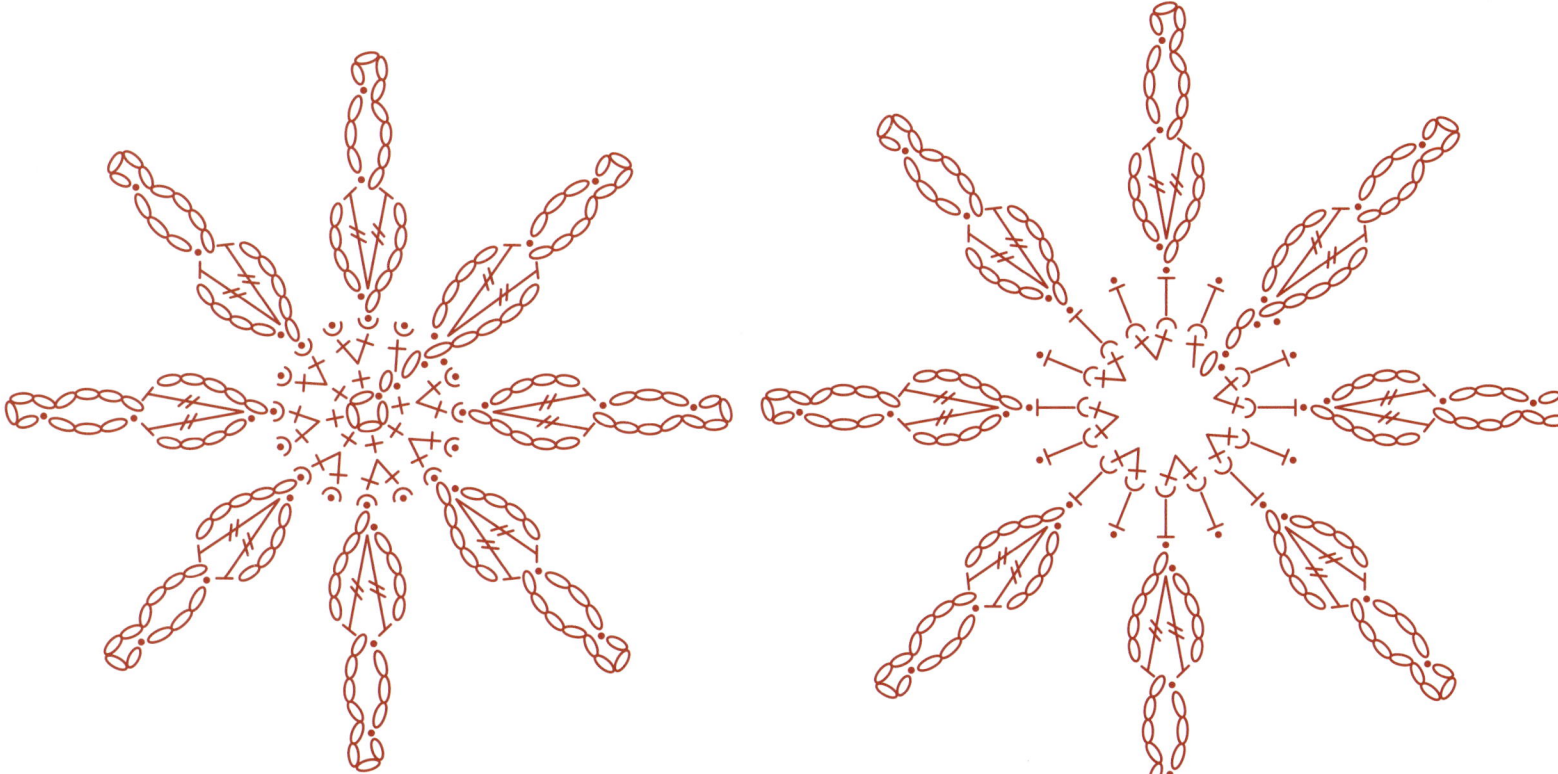

63 루드베키아
완성작 보기 ▶ 36쪽

A B

완성작 지름: 98mm
실: A-갈색 1.8m, B-금색 11.9m

중심

바탕 고리: 갈색 실(A)로 사슬뜨기 4코를 뜬 후 첫 번째 사슬코에서 빼뜨기를 한다.

1단: 사슬뜨기 1코(짧은뜨기의 기둥코). 고리에서 짧은뜨기 7코. 기둥코에서 빼뜨기.

2단: 사슬뜨기 1코(짧은뜨기의 기둥코). 1단에서 연결하는 빼뜨기를 한 코에서 짧은뜨기. 나머지 짧은뜨기 7코의 각 코에서 짧은뜨기 2코씩. 기둥코에서 빼뜨기.

3단: 사슬뜨기 1코(짧은뜨기의 기둥코). 짧은뜨기 15코의 뒤 가닥에서 짧은뜨기. 기둥코에서 빼뜨기.

4단: 사슬뜨기 1코(짧은뜨기의 기둥코). 짧은뜨기 15코의 뒤 가닥에서 짧은뜨기. 금색 실(B)로 바꾸어 기둥코에서 빼뜨기를 한다. 계속 금색 실로 뜬다.

꽃잎

5단: *사슬뜨기 16코 후 바늘에서 세 번째 코에서 빼뜨기. 사슬뜨기 1코. 2코 건너뛰고 꽃잎을 따라 사슬뜨기 10코에서 1길 긴뜨기.** 4단에서 연결하는 빼뜨기를 한 코에서 빼뜨기. 다음 짧은뜨기 15코의 각 코에서 [짧은뜨기에서 빼뜨기, *부터 **까지 반복, 동일한 짧은뜨기에서 빼뜨기]. 실을 매듭짓고, 남은 실은 보이지 않게 정리한다.

중급 디자인 | 83

64	버들잎
	완성작 보기 ▶ 26, 35쪽

완성작 지름: 64mm
실: 금색 2.7m

바탕 고리: 사슬뜨기 10코를 뜬 후 첫 번째 사슬코에서 빼뜨기를 한다.
1단: 사슬뜨기 1코(짧은뜨기의 기둥코). 고리에서 [dc 4코, htr 1코, tr 1코, dtr 1코, ch 3코, dtr 1코, tr 1코, htr 1코, dc 4코]. 기둥코에서 빼뜨기.
2단: 사슬뜨기 5코(2길 긴뜨기의 기둥코). 짧은뜨기 1코에서 [dtr 1코, tr 1코]. 짧은뜨기 1코에서 [tr 1코, htr 1코]. 짧은뜨기 2코와 긴뜨기, 1길 긴뜨기, 2길 긴뜨기의 각 코에서 [dc 1코, ch 2코]. 사슬뜨기 3코 부분에서 [dc 1코, ch 3코, tr 1코, ch 7코 후 바늘에서 일곱 번째 코에서 ss, tr 1코, ch 3코, dc 1코]. 2길 긴뜨기와 1길 긴뜨기, 긴뜨기, 짧은뜨기 2코의 각 코에서 [ch 2코, dc 1코]. 짧은뜨기 1코에서 [htr 1코, tr 1코]. 짧은뜨기 1코에서 [tr 1코, dtr 1코]. 기둥코의 다섯 번째 코에서 빼뜨기.
줄기: 사슬뜨기 9코. 2코 건너뛰고 줄기를 따라 사슬뜨기 7코에서 빼뜨기. 2단에서 연결하는 빼뜨기를 한 코에서 빼뜨기. 매듭짓고 남은 실은 보이지 않게 정리한다.

65	자작나무잎
	완성작 보기 ▶ 34쪽

완성작 지름: 70mm
실: 노란색 6.4m

바탕 고리: 사슬뜨기 6코 후 첫 번째 사슬코에서 빼뜨기.
1단: 사슬뜨기 5코. 고리에서 2길 긴뜨기 6코. 사슬뜨기 3코. 고리에서 2길 긴뜨기 6코. 사슬뜨기 5코. 고리에서 빼뜨기.
2단: 사슬뜨기 5코 공간에서 짧은뜨기 5코. 2길 긴뜨기 1코에서 긴뜨기. 2길 긴뜨기 5코에서 1길 긴뜨기. 사슬뜨기 3코 공간에서 [tr 2코, dtr 1코, ch 2코, dtr 1코, tr 2코]. 2길 긴뜨기 5코에서 1길 긴뜨기. 2길 긴뜨기 1코에서 긴뜨기. 사슬뜨기 5코 공간에서 짧은뜨기 5코. 빼뜨기에서 빼뜨기.
3단: 짧은뜨기 5코와 긴뜨기 1코의 각 코에서 짧은뜨기. 사슬뜨기 2코. 1길 긴뜨기 7코와 2길 긴뜨기 1코의 각 코에서 [dc 1코, ch 3코]. 사슬뜨기 2코에서 [dtr 1코, 사슬뜨기 6코 후 바늘에서 여섯째 코에서 ss, dtr 1코]. 2길 긴뜨기 1코와 1길 긴뜨기 7코의 각 코에서 [ch 3코, dc 1코]. 사슬뜨기 2코. 긴뜨기 1코와 짧은뜨기 5코의 각 코에서 짧은뜨기. 빼뜨기에서 빼뜨기.
줄기: 사슬뜨기 11코. 2코 건너뛰고 줄기를 따라 9코에서 빼뜨기. 3단의 첫째 짧은뜨기에서 빼뜨기. 매듭짓고 남은 실은 보이지 않게 정리한다.

66	콜레우스
	완성작 보기 ▶ 42쪽

A B

완성작 지름: 76mm
실: A-진분홍색 2.7m, B-진초록색 2.7m

바탕 고리 진분홍색 실(A)로 사슬뜨기 6코를 뜬 후 첫 번째 사슬코에서 빼뜨기를 한다.
1단: 사슬뜨기 5코. 고리에서 2길 긴뜨기 6코. 사슬뜨기 3코. 고리에서 2길 긴뜨기 6코. 사슬뜨기 5코. 고리에서 빼뜨기.
2단: 사슬뜨기 5코(2길 긴뜨기의 기둥코). 사슬뜨기 5코 공간에서 [dtr 2코, tr 1코, htr 1코, dc 1코]. 2길 긴뜨기 1코에서 긴뜨기. 2길 긴뜨기 5코에서 1길 긴뜨기. 사슬뜨기 3코 부분에서 [tr 2코, dtr 1코, ch 2코, dtr 1코, tr 2코]. 2길 긴뜨기 5코에서 1길 긴뜨기. 2길 긴뜨기 1코에서 긴뜨기. 사슬뜨기 5코 공간에서 [dc 1코, htr 1코, tr 1코, dtr 2코]. 진초록색 실(B)로 바꾸어 기둥코의 다섯째 코에서 빼뜨기. 계속 진초록색 실로 뜬다.
3단: 사슬뜨기 2코(긴뜨기의 기둥코). 2길 긴뜨기 2코와 1길 긴뜨기 1코의 각 코에 긴뜨기. 긴뜨기, 짧은뜨기, 긴뜨기의 각 코에 [ch 2코, htr 1코]. 1길 긴뜨기 7코와 2길 긴뜨기 1코의 각 코에 [ch 3코, dc 1코]. 사슬뜨기 4코. 사슬뜨기 2코에 [dc 1코, ch 3코, tr 1코, ch 6코 후 바늘에서 여섯째 코에서 ss, 고리 형성, tr 1코, ch 3코, dc 1코]. 사슬뜨기 4코. 2길 긴뜨기 1코와 1길 긴뜨기 7코의 각 코에 [dc 1코, ch 3코]. 긴뜨기와 짧은뜨기, 긴뜨기의 각 코에 [dc 1코, ch 2코]. 1길 긴뜨기 1코와 2길 긴뜨기 2코의 각 코에 긴뜨기. 기둥코의 둘째 코에 빼뜨기.
줄기: 사슬뜨기 9코. 2코 건너뛰고 줄기를 따라 사슬뜨기 7코에서 빼뜨기. 3단에서 연결하는 빼뜨기를 한 코에서 빼뜨기. 매듭짓고 남은 실은 보이지 않게 정리한다.

67	화살나무 가지
	완성작 보기 ▶ 43쪽

완성작 지름: 70mm
실: 다홍색 3.7m

오른쪽과 끝
사슬뜨기 8코. *사슬뜨기 7코를 뜨고 그중 두 번째 코에서 [2길 긴뜨기 1코, 3길 긴뜨기 1코, 사슬뜨기 5코 후 바늘에서 네 번째 코에서 빼뜨기, 사슬뜨기 1코, 3길 긴뜨기 1코, 2길 긴뜨기 1코, 사슬뜨기 5코, 빼뜨기]. 사슬뜨기 7코의 첫 번째 코에서 빼뜨기.** 사슬뜨기 6코를 뜬 후, *부터 **까지 1회 반복한다. 사슬뜨기 6코를 뜬 후 *부터 **까지 2회 반복한다.
왼쪽
줄기를 따라 사슬뜨기 6코에서 빼뜨기(비어 있는 코에서만 빼뜨기를 하고, 반대편 잎이 시작되는 코에서는 하지 않는다). *사슬뜨기 7코를 뜨고 그중 두 번째 코에서 [2길 긴뜨기 1코, 3길 긴뜨기 1코, 사슬뜨기 5코 후 바늘에서 네 번째 코에서 빼뜨기, 사슬뜨기 1코, 3길 긴뜨기 1코, 2길 긴뜨기 1코, 사슬뜨기 5코, 빼뜨기]. 사슬뜨기 7코의 첫 번째 코에서 빼뜨기.** 다음 사슬뜨기 6코에서 빼뜨기. *부터 **까지 1회 반복한다. 다음 사슬뜨기 8코에서 빼뜨기. 실을 매듭짓고, 남은 실은 보이지 않게 정리한다.

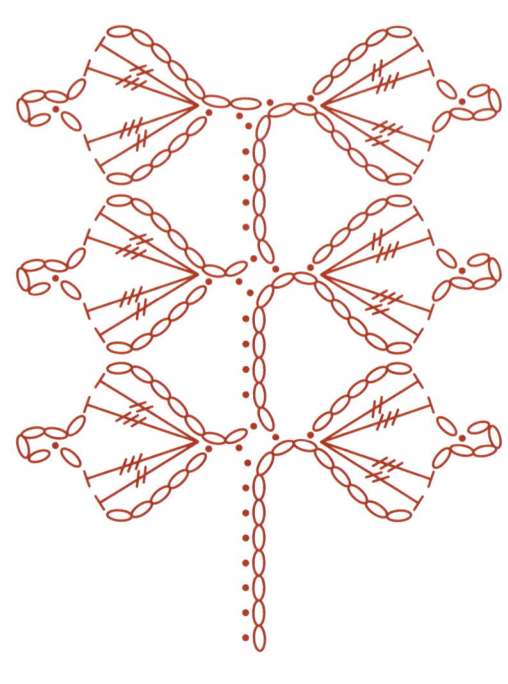

68 연잎

완성작 보기 ▶ 33쪽

완성작 지름: 76mm
실: 진초록색 12.8m

바탕 고리: 사슬뜨기 4코를 뜬 후 첫째 사슬코에서 빼뜨기를 한다.
1단: 사슬뜨기 3코(1길 긴뜨기 기둥코). 고리에서 1길 긴뜨기 9코. 기둥코의 셋째 코에서 빼뜨기.
2단: 사슬뜨기 3코(1길 긴뜨기 기둥코). 1단에서 연결하는 빼뜨기를 한 코에서 1길 긴뜨기. 나머지 1길 긴뜨기 9코의 각 코에서 1길 긴뜨기 2코씩. 기둥코의 셋째 코에서 빼뜨기.
3단: 사슬뜨기 3코(1길 긴뜨기 기둥코). 2단에서 연결하는 빼뜨기를 한 코에서 1길 긴뜨기. 나머지 1길 긴뜨기 19코의 각 코에서 1길 긴뜨기 2코씩. 기둥코에서 빼뜨기.
4단: 사슬뜨기 3코(1길 긴뜨기 기둥코). 1길 긴뜨기 7코에서 1길 긴뜨기. 1길 긴뜨기 4코의 각 코에서 1길 긴뜨기 2코씩. 1길 긴뜨기 8코에서 1길 긴뜨기. 사슬뜨기 1코. 1길 긴뜨기 8코에서 1길 긴뜨기. 1길 긴뜨기 4코의 각 코에서 1길 긴뜨기 2코씩. 1길 긴뜨기 7코에서 1길 긴뜨기. 사슬뜨기 3코. 1길 긴뜨기와 빼뜨기에서 빼뜨기.
5단: 사슬뜨기 5코. 1길 긴뜨기 10코에서 tr. 1길 긴뜨기 3코의 각 코에서 tr 2코씩. 1길 긴뜨기 10코에서 1길 긴뜨기. 사슬뜨기 1코 공간에서 [tr 2코, ch 1코, tr 2코]. 1길 긴뜨기 10코에서 1길 긴뜨기. 1길 긴뜨기 3코의 각 코에서 1길 긴뜨기 2코씩. 1길 긴뜨기 10코에서 1길 긴뜨기. 사슬뜨기 5코. 빼뜨기 2코에서 빼뜨기.
6단: 사슬뜨기 7코. 1길 긴뜨기 8코에서 1길 긴뜨기. 1길 긴뜨기 3코의 각 코에서 1길 긴뜨기 2코씩. 1길 긴뜨기 4코에서 1길 긴뜨기. 1길 긴뜨기 3코의 각 코에서 1길 긴뜨기 2코씩. 1길 긴뜨기 10코에서 1길 긴뜨기. 사슬뜨기 1코 공간에서 [tr 2코, ch 1코, tr 2코]. 1길 긴뜨기 10코에서 1길 긴뜨기. 1길 긴뜨기 3코의 각 코에서 1길 긴뜨기 2코씩. 1길 긴뜨기 4코에서 1길 긴뜨기. 1길 긴뜨기 3코의 각 코에서 1길 긴뜨기 2코씩. 1길 긴뜨기 8코에서 1길 긴뜨기. 사슬뜨기 7코. 빼뜨기에서 빼뜨기. 매듭짓고 남은 실은 보이지 않게 정리한다.

잠자리 (77쪽)

69 연꽃

완성작 보기 ▶ 33쪽

완성작 지름: 64mm
실: 연보라색 11.9m

바탕 고리: 사슬뜨기 6코를 뜬 후 첫 번째 사슬코에서 빼뜨기를 한다.
1단: 사슬뜨기 1코(짧은뜨기의 기둥코). 고리에서 짧은뜨기 11코. 첫 번째 사슬코에서 빼뜨기.
2단: 사슬뜨기 1코(짧은뜨기의 기둥코). *사슬뜨기 5코. 짧은뜨기 1코에서 짧은뜨기. *부터 10회 반복한다. 사슬뜨기 5코. 기둥코에서 빼뜨기.
3단: 사슬뜨기 1코(짧은뜨기의 기둥코). *사슬뜨기 4코. 다음 사슬뜨기 5코 부분에서 2길 긴뜨기. 사슬뜨기 4코.** 짧은뜨기에서 짧은뜨기. *부터 10회 반복한 후, *부터 ** 까지 1회 더 반복한다. 기둥코에서 빼뜨기를 한다.
4단: 사슬뜨기 1코(짧은뜨기의 기둥코). 짧은뜨기 15코의 뒤 가닥에서 짧은뜨기. 금색 실(B)로 바꾸어 기둥코에서 빼뜨기를 한다. 계속 금색 실로 뜬다.
5단: *사슬뜨기 16코를 뜬 후 바늘에서 세 번째 코에서 빼뜨기. 사슬뜨기 1코. 2코 건너뛰고 꽃잎을 따라서 사슬뜨기 10코에서 1길 긴뜨기.** 4단에서 연결하는 빼뜨기를 한 코에서 빼뜨기. 다음 짧은뜨기 15코의 각 코에서 [짧은뜨기에서 빼뜨기, *부터 **까지 반복, 동일한 짧은뜨기에서 빼뜨기]. 실을 매듭짓고, 남은 실은 보이지 않게 정리한다.

연잎 (85쪽)

기호 ↪ = 3단의 2길 긴뜨기 뒤 가닥에서 빼뜨기   ↬ = 3단의 2길 긴뜨기 뒤 가닥에서 짧은뜨기

고급 디자인

70 설악초
완성작 보기 ▶ 29쪽

A ● B ○ C ●

완성작 지름: 83mm
실: A-연두색 0.9m, B-흰색 4.6m, C-진초록색 5.5m

꽃
바탕 고리: 연두색 실(A)로 사슬뜨기 4코를 뜬 후 첫 번째 사슬코에서 빼뜨기를 한다.
1단: *사슬뜨기 1코, 고리에서 1길 긴뜨기. 사슬뜨기 2코, 고리에서 1길 긴뜨기. 사슬뜨기 1코, 고리에서 빼뜨기. *부터 3회 반복한다.
2단: 흰색 실(B)로 바꾸어 사슬뜨기 1코. *1길 긴뜨기에서 짧은뜨기. 사슬뜨기 2코 부분에서 [짧은뜨기 1코, 긴뜨기 1코, 사슬뜨기 1코, 긴뜨기 1코, 짧은뜨기 1코]. 1길 긴뜨기에서 짧은뜨기. 사슬뜨기 1코. 꽃잎과 꽃잎 사이의 빼뜨기에서 빼뜨기. *부터 3회 반복한다. 실을 매듭짓고, 남은 실은 보이지 않게 정리한다.
두 번째 꽃도 위와 같이 뜬다.

잎 중심
바탕 고리: 진초록색 실(B)로 사슬뜨기 4코를 뜬 후 첫 번째 사슬코에서 빼뜨기를 한다.
1단: 사슬뜨기 3코(1길 긴뜨기의 기둥코). 고리에서 [1길 긴뜨기 5코, 사슬뜨기 3코, 1길 긴뜨기 5코]. 기둥코의 세 번째 코에서 빼뜨기를 한다.
2단: 사슬뜨기 5코(2길 긴뜨기의 기둥코). 1길 긴뜨기 1코에서 [2길 긴뜨기 2코, 1길 긴뜨기 1코]. 1길 긴뜨기 1코에서 [1길 긴뜨기 1코, 긴뜨기 1코]. 1길 긴뜨기 2코에서 짧은뜨기. 1길 긴뜨기 1코에서 [짧은뜨기 1코, 1길 긴뜨기 1코]. 사슬뜨기 3코 공간에서 [1길 긴뜨기 1코, 2길 긴뜨기 1코, 사슬뜨기 2코, 2길 긴뜨기 1코, 1길 긴뜨기 1코]. 1길 긴뜨기 1코에서 [1길 긴뜨기 1코, 짧은뜨기 1코]. 1길 긴뜨기 2코에서 짧은뜨기. 1길 긴뜨기 1코에서 [긴뜨기 1코, 1길 긴뜨기 1코]. 1길 긴뜨기 1코에서 [1길 긴뜨기 1코, 2길 긴뜨기 2코]. 기둥코의 다섯 번째 코에서 빼뜨기를 한다. 진초록색 실을 매듭짓는다.
두 번째 잎 중심도 위와 같이 뜬다.

잎 가장자리 뜨기와 붙이기
*잎 중심에서 흰색 실(B)로 뜬다. 1단의 첫 번째 2길 긴뜨기에서 짧은뜨기 2코. 다음 10코의 각 코에서 짧은뜨기 2코씩. 사슬뜨기 2코 부분에서 [짧은뜨기 1코, 사슬뜨기 2코, 짧은뜨기 1코]. 다음 11코의 각 코에서 짧은뜨기 2코씩. 처음 짧은뜨기에서 빼뜨기를 한다. 실을 자르지 말고 두 번째 잎의 중심에서 *부터 반복한 후, 꽃 한 송이의 뒤에서 빼뜨기, 사슬뜨기 2코, 두 번째 송이 뒤에서 빼뜨기를 한다. 첫 번째 잎 가장자리에서 빼뜨기를 하여 고정한다. 실을 매듭짓고, 남은 실은 보이지 않게 정리한다.

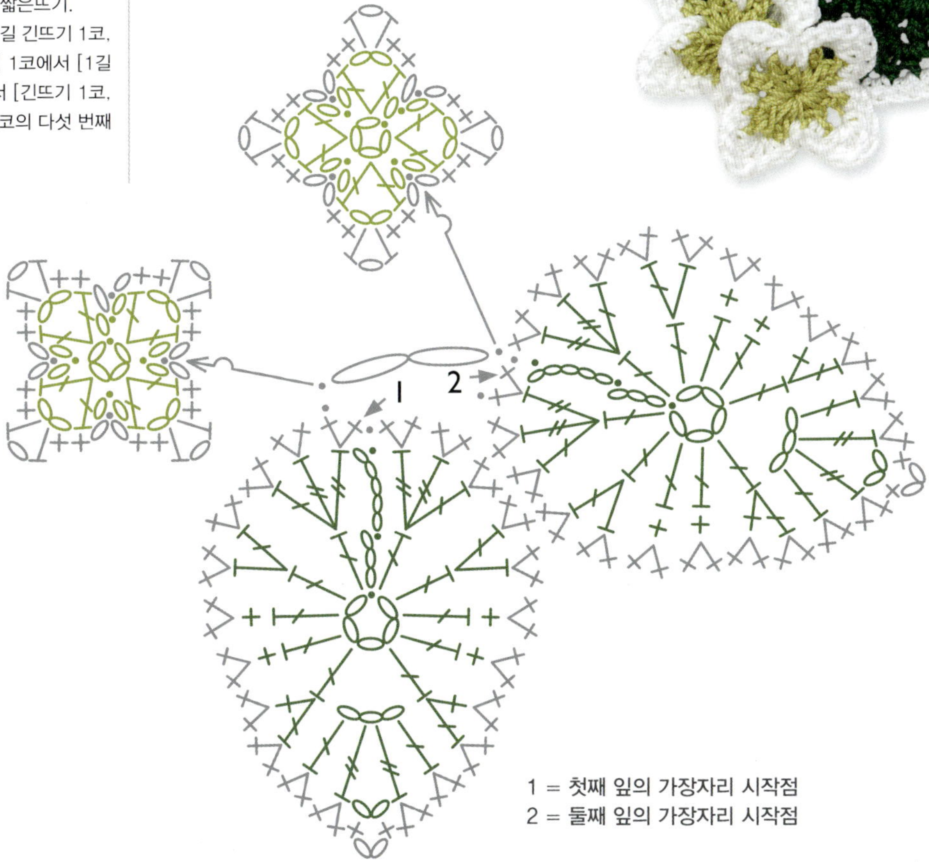

1 = 첫째 잎의 가장자리 시작점
2 = 둘째 잎의 가장자리 시작점

71 나팔수선화

완성작 보기 ▶ 27쪽

 A B

완성작 지름: 67mm
실: A-금색 3.7m, B-노란색 8.2m

나팔

바탕 고리: 금색 실(A)로 사슬뜨기 6코를 뜬 후 첫 번째 사슬코에서 빼뜨기를 한다.
1단: 사슬뜨기 1코(짧은뜨기의 기둥코). 고리에서 짧은뜨기 11코. 기둥코에서 빼뜨기.
2단: 사슬뜨기 3코(1길 긴뜨기의 기둥코). 짧은뜨기 11코의 앞 가닥에서 1길 긴뜨기. 기둥코의 세 번째 코에서 빼뜨기.
3단: 사슬뜨기 3코(1길 긴뜨기의 기둥코). 2단에서 연결하는 빼뜨기를 한 코에서 1길 긴뜨기. 1길 긴뜨기 11코의 각 코에서 1길 긴뜨기 2코씩. 기둥코의 셋째 코에서 빼뜨기.
4단: 사슬뜨기 1코(짧은뜨기의 기둥코). *1길 긴뜨기 1코에서 1길 긴뜨기. 사슬뜨기 2코. 다음 1길 긴뜨기에서 1길 긴뜨기.** 1길 긴뜨기 2코에서 짧은뜨기. *부터 4회 반복한 후, *부터 **까지 1회 더 반복한다. 1길 긴뜨기에서 짧은뜨기. 기둥코에서 빼뜨기를 한다. 금색 실을 매듭짓는다.

꽃잎

5단: 노란색 실(B)로 2단 뒤에서 뜬다. 1단에서 뜬 각 코의 뒤 가닥에서 짧은뜨기 1코를 떠서 총 짧은뜨기 12코를 뜬다. 첫 번째 짧은뜨기에서 빼뜨기.
6단: 사슬뜨기 1코(짧은뜨기의 기둥코). *다음 짧은뜨기에서 [dc 1코, ch 8코, dc 1코].** 짧은뜨기 1코에서 짧은뜨기. *부터 4회 반복. *부터 **까지 1회 더 반복. 기둥코에서 빼뜨기.
7단: 짧은뜨기에서 빼뜨기. *사슬뜨기 8코 고리에서 [dc 3코, htr 1코, tr 1코, ch 2코, tr 1코, htr 1코, dc 3코]. 짧은뜨기 1코에서 빼뜨기. 사슬뜨기 1코.** 짧은뜨기 1코 건너뛰고. 짧은뜨기 1코에서 빼뜨기. *부터 4회 반복한 후, *부터 **까지 1회 더 반복한다. 빼뜨기 1코 건너뛰고, 빼뜨기에서 빼뜨기.
8단: 짧은뜨기 2코에서 빼뜨기. 사슬뜨기 2코(긴뜨기의 기둥코). 짧은뜨기와 긴뜨기, 1길 긴뜨기의 각 코에서 긴뜨기. *사슬뜨기 2코 부분에서 [htr 1코, tr 1코, ch 2코, tr 1코, htr 1코]. 1길 긴뜨기와 긴뜨기, 짧은뜨기 2코의 각 코에서 긴뜨기. 사슬뜨기 2코. 짧은뜨기 1코와 빼뜨기 1코 건너뛰고. 사슬뜨기 1코 공간에서 빼뜨기. 사슬뜨기 2코.** 빼뜨기 1코와 짧은뜨기 1코 건너뛰고, 짧은뜨기 2코와 긴뜨기, 1길 긴뜨기의 각 코에서 긴뜨기. *부터 4회 반복한 후, *부터 **까지 1회 더 반복. 기둥코의 두 번째 코에서 빼뜨기. 실을 매듭짓고, 남은 실은 보이지 않게 정리한다.

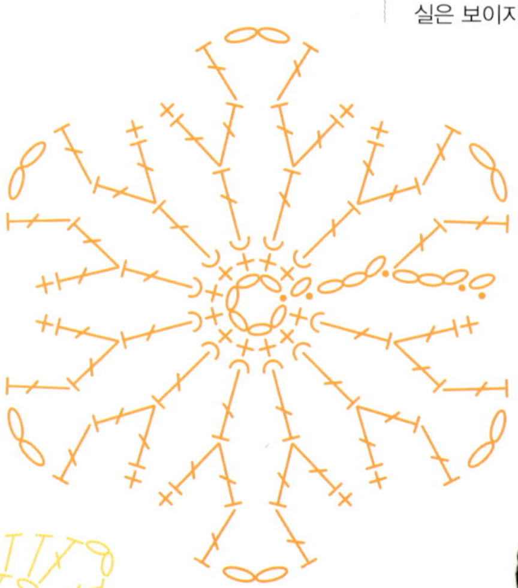

고급 디자인

| 72 | **데이지**
완성작 보기 ▶ 26쪽

완성작 지름: 60mm
실: A-노란색 1.8m, B-흰색 9.1m

○ ○
A B

중심
바탕 고리: 노란색 실(A)로 사슬뜨기 4코를 뜬 후 첫 번째 사슬코에서 빼뜨기를 한다.
1단: 사슬뜨기 1코(짧은뜨기의 기둥코). 고리에서 짧은뜨기 7코. 기둥코에서 빼뜨기.
2단: 사슬뜨기 3코(1길 긴뜨기의 기둥코). 1단에서 연결하는 빼뜨기를 한 코에서 1길 긴뜨기. 나머지 짧은뜨기 7코의 각 코에서 1길 긴뜨기 2코씩. 흰색 실(B)로 바꾸어 기둥코의 세 번째 코에서 빼뜨기를 한다. 계속 흰색 실로 뜬다.

꽃잎
3단: 2단에서 연결하는 빼뜨기를 한 코에서 [사슬뜨기 5코, 2길 긴뜨기 1코, 사슬뜨기 5코, 빼뜨기]. 1길 긴뜨기 15코의 각 코에서 [빼뜨기, 사슬뜨기 5코, 2길 긴뜨기 1코, 사슬뜨기 5코, 빼뜨기]. 빼뜨기에서 빼뜨기를 한다.
4단: *다음 사슬뜨기 5코 공간에서 짧은뜨기 3코. 사슬뜨기 4코. 2길 긴뜨기에서 2길 긴뜨기. 사슬뜨기 4코. 다음 사슬뜨기 5코 공간에서 짧은뜨기 3코. 빼뜨기 1코 건너뛰고, 빼뜨기 1코에서 빼뜨기. *부터 15회 반복한다. 실을 매듭짓고, 남은 실은 보이지 않게 정리한다.

73 메리골드

완성작 보기 ▶ 36쪽

완성작 지름: 38mm
실: 주황색 7.3m

바탕 고리: 사슬뜨기 8코를 뜬 후 첫 번째 사슬코에서 빼뜨기를 한다.
1단: 사슬뜨기 1코(짧은뜨기의 기둥코). 고리에서 짧은뜨기 15코. 기둥코에서 빼뜨기.
2단: 이번 단은 1단에서 뜬 코의 앞 가닥에서 뜬다. *사슬뜨기 4코. 짧은뜨기 1코에서 1길 긴뜨기 2코. 사슬뜨기 4코.** 짧은뜨기 1코에서 빼뜨기. *부터 6회 반복한 후, *부터 **까지 1회 더 반복한다. 빼뜨기에서 빼뜨기를 한다.
3단: 사슬뜨기 2코(긴뜨기의 기둥코). 바늘을 2단의 뒤에서 1단의 코 뒤 가닥으로 넣어 짧은뜨기 15코에서 긴뜨기 1코씩을 뜬다. 기둥코의 두 번째 코에서 빼뜨기.
4단: 이번 단은 3단에서 뜬 코의 앞 가닥에서 뜬다. *사슬뜨기 4코. 긴뜨기 1코에서 1길 긴뜨기 2코. 사슬뜨기 4코.** 긴뜨기 1코에서 빼뜨기. *부터 6회 반복한 후, *부터 **까지 1회 더 반복한다. 빼뜨기에서 빼뜨기를 한다.
5단: 사슬뜨기 2코(긴뜨기의 기둥코). 바늘을 4단의 뒤에서 3단의 코 뒤 가닥으로 넣어 짧은뜨기 15코에서 긴뜨기 1코씩을 뜬다. 기둥코의 두 번째 코에서 빼뜨기.
6단: 이번 단은 5단에서 뜬 코의 양 가닥에서 뜬다. *사슬뜨기 4코. 긴뜨기 1코에서 1길 긴뜨기 2코. 사슬뜨기 4코.** 긴뜨기 1코에서 빼뜨기. *부터 6회 반복한 후, *부터 **까지 1회 더 반복한다. 빼뜨기에서 빼뜨기를 한다. 실을 매듭짓고, 남은 실은 보이지 않게 정리한다.

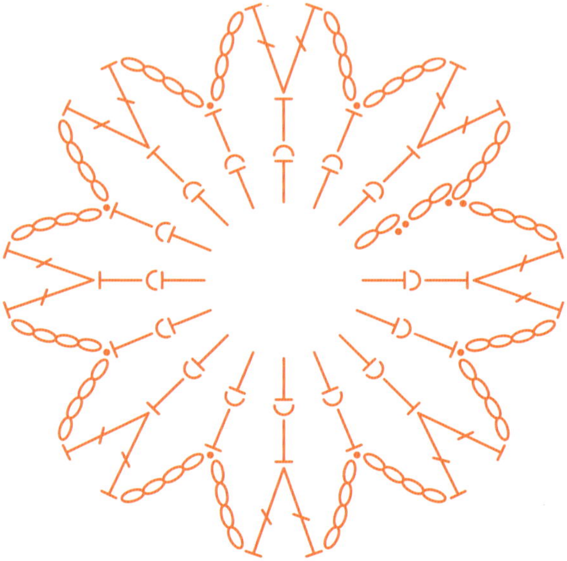

74 백일초
완성작 보기 ▶ 26, 36쪽

완성작 지름: 51mm
실: A-금색 1.8m, B-노란색 7.3m

중심
바탕 고리: 금색 실(A)로 사슬뜨기 5코를 뜬 후 첫 번째 사슬코에서 빼뜨기를 한다.
1단: 사슬뜨기 1코(짧은뜨기의 기둥코). 고리에서 짧은뜨기 9코. 기둥코에서 빼뜨기.
2단: 사슬뜨기 2코(긴뜨기의 기둥코). 1단에서 연결하는 빼뜨기를 한 코에서 긴뜨기. 짧은뜨기 9코의 각 코에서 긴뜨기 2코씩. 노란색 실(B)로 바꾸어 기둥코의 두 번째 코에서 빼뜨기를 한다. 계속 노란색 실로 뜬다.

꽃잎
3단: 이번 단은 2단에서 뜬 코의 앞 가닥에서 뜬다. *사슬뜨기 6코. 긴뜨기 1코에서 3길 긴뜨기 2코. 사슬뜨기 6코.** 긴뜨기 1코에서 빼뜨기. *부터 8회 반복한 후, *부터 **까지 1회 더 반복한다. 빼뜨기에서 빼뜨기를 한다.
4단: 사슬뜨기 2코(긴뜨기의 기둥코). 바늘을 3단의 뒤에서 2단의 코 뒤 가닥으로 넣어 긴뜨기 19코에서 긴뜨기 1코씩을 뜬다. 기둥코의 두 번째 코에서 빼뜨기를 한다.
5단: 이번 단은 4단에서 뜬 코의 양 가닥에서 뜬다. *사슬뜨기 6코. 긴뜨기 1코에서 3길 긴뜨기 2코. 사슬뜨기 6코.** 긴뜨기 1코에서 빼뜨기. *부터 8회 반복한 후, *부터 **까지 1회 더 반복한다. 빼뜨기에서 빼뜨기를 한다. 실을 매듭짓고, 남은 실은 보이지 않게 정리한다.

75 난초
완성작 보기 ▶ 32쪽

A B

완성작 지름: 64mm
실: A-연분홍색 1.8m, B-포도주색 7.3m

바탕 고리: 연분홍색 실(A)로 사슬뜨기 5코를 뜬 후 첫 번째 사슬코에서 빼뜨기를 한다.
1단: 사슬뜨기 1코(짧은뜨기의 기둥코). 고리에서 짧은뜨기 11코. 기둥코에서 빼뜨기.
2단: 사슬뜨기 1코(짧은뜨기의 기둥코). 짧은뜨기 11코의 뒤 가닥에서 짧은뜨기. 기둥코에서 빼뜨기.
3단: 사슬뜨기 10코. 2단에서 연결하는 빼뜨기를 한 코에서 빼뜨기. 다음 짧은뜨기 2코의 각 코에서 [ss, ch 10코, ss]. 사슬뜨기 4코. 짧은뜨기 2코 건너뛰고. 짧은뜨기 1코에서 [ss, ch 10코, ss]. 사슬뜨기 6코. 짧은뜨기 3코 건너뛰고. 짧은뜨기 1코에서 [ss, ch 10코, ss]. 사슬뜨기 4코. 짧은뜨기 2코 건너뛰고. 빼뜨기에서 빼뜨기를 한다.
4단: *다음 사슬뜨기 10코 고리에서 [dc 1코, htr 3코, tr 2코, dtr 1코, ch 2코, dtr 1코, tr 2코, htr 3코, dc 1코].** 빼뜨기 2코에서 빼뜨기. *부터 1회 반복. *부터 **까지 1회 더 반복. 사슬뜨기 4코 공간에서 빼뜨기. 사슬뜨기 1코. *부터 **까지 반복. 사슬뜨기 1코. 사슬뜨기 6코 공간에서 빼뜨기. 사슬뜨기 1코. *부터 **까지 반복. 사슬뜨기 1코. 사슬뜨기 4코 공간에서 빼뜨기. 빼뜨기에서 빼뜨기를 한다.
5단: *사슬뜨기 3코. 짧은뜨기 1코와 긴뜨기 1코 건너뛴 후. 긴뜨기 2코와 1길 긴뜨기 2코. 2길 긴뜨기 1코의 각 코에서 짧은뜨기. 사슬뜨기 2코 공간에서 [dc 1코, ch 2코, dc 1코]. 2길 긴뜨기 1코와 1길 긴뜨기 2코. 긴뜨기 2코의 각 코에서 짧은뜨기. 사슬뜨기 3코. 긴뜨기 1코와 짧은뜨기 1코 건너뛴다.** 빼뜨기 1코에서 빼뜨기.*** {첫 번째 꽃잎 완성.} 사슬뜨기 3코. 다음 빼뜨기에서 빼뜨기. *부터 ***까지 반복. {두 번째 꽃잎 완성.} 사슬뜨기 1코. 첫 번째 꽃잎과 두 번째 꽃잎 사이의 사슬뜨기 3코 고리에서 빼뜨기. 사슬뜨기 1코. 두 번째 꽃잎 다음의 두 번째 빼뜨기에서 빼뜨기. *부터 ***까지 반복한다. 사슬뜨기 1코 공간에서 빼뜨기. *부터 **까지 반복한다. 사슬뜨기 1코 공간 두 곳의 각 공간에서 빼뜨기. *부터 **까지 반복한다. 사슬뜨기 1코 공간에서 빼뜨기. 빼뜨기에서 빼뜨기를 한다. 연분홍색 실(A)을 매듭짓는다.
입술꽃잎: 두 번째 꽃잎이 위를 향하도록 꽃을 잡는다. 1단에서 뜬 코의 앞 가닥에서 포도주색 실(B)로 뜬다. 두 번째 꽃잎 바로 밑에 있는 짧은뜨기(1단의 첫 번째 짧은뜨기)에서 [dc 1코, ch 4코, dc 1코]. 짧은뜨기 2코에서 짧은뜨기. 짧은뜨기 1코에서 긴뜨기. 짧은뜨기 1코에서 1길 긴뜨기. 짧은뜨기 1코에서 2길 긴뜨기. 짧은뜨기 1코에서 3길 긴뜨기 4코. 짧은뜨기 1코에서 2길 긴뜨기. 짧은뜨기 1코에서 1길 긴뜨기. 짧은뜨기 1코에서 긴뜨기. 짧은뜨기 1코와 빼뜨기 1코의 각 코에서 짧은뜨기. 처음 짧은뜨기에서 빼뜨기를 한다. 포도주색 실을 매듭짓고, 남은 실은 보이지 않게 정리한다.

76	유홍초
	완성작 보기 ▶ 42쪽

완성작 지름: 51mm
실: A-다홍색 1.8m, B-진초록색 7.3m

바탕 고리: 다홍색 실(A)로 사슬뜨기 4코를 뜬 후, 첫 번째 사슬코에서 빼뜨기를 한다.
1단: 사슬뜨기 1코(짧은뜨기의 기둥코). 고리에서 짧은뜨기 4코. 기둥코에서 빼뜨기를 한다 (꽃 아랫부분에 있는 기다란 꽃대를 뜨는 과정이다).
2단: 사슬뜨기 3코(1길 긴뜨기의 기둥코). 짧은뜨기 4코에서 1길 긴뜨기. 기둥코의 세 번째 코에서 빼뜨기를 한다.
3단: 사슬뜨기 3코(1길 긴뜨기의 기둥코). 1길 긴뜨기 4코에서 1길 긴뜨기. 기둥코의 세 번째 코에서 빼뜨기를 한다.
4단: 사슬뜨기 3코(1길 긴뜨기의 기둥코). 3단에서 연결하는 빼뜨기를 한 코에서 1길 긴뜨기. 1길 긴뜨기 4코의 각 코에서 1길 긴뜨기 2코씩. 기둥코의 세 번째 코에서 빼뜨기를 한다.
5단: 사슬뜨기 1코(짧은뜨기의 기둥코). *다음 1길 긴뜨기에서 [긴뜨기 1코, 1길 긴뜨기 1코, 사슬뜨기 3코를 뜬 후 바늘에서 세 번째 코에서 빼뜨기, 1길 긴뜨기 1코, 긴뜨기 1코].** 1길 긴뜨기 1코에서 짧은뜨기. *부터 3회 반복한 후, *부터 **까지 1회 더 반복한다. 기둥코에서 빼뜨기로 연결한 후, 다홍색 실을 매듭짓는다.
줄기: 꽃을 뒤집어 잡고, 진초록색 실(B)로 꽃의 밑부분에서 빼뜨기를 한다. 사슬뜨기 13코. 3코 건너뛰고 줄기를 따라 10코에서 빼뜨기. 꽃의 밑부분(첫 빼뜨기를 한 반대쪽)에서 빼뜨기. 실을 매듭짓고, 남은 실은 보이지 않게 정리한다(꽃대 끝을 꽃 아랫부분에 숨겨도 된다).

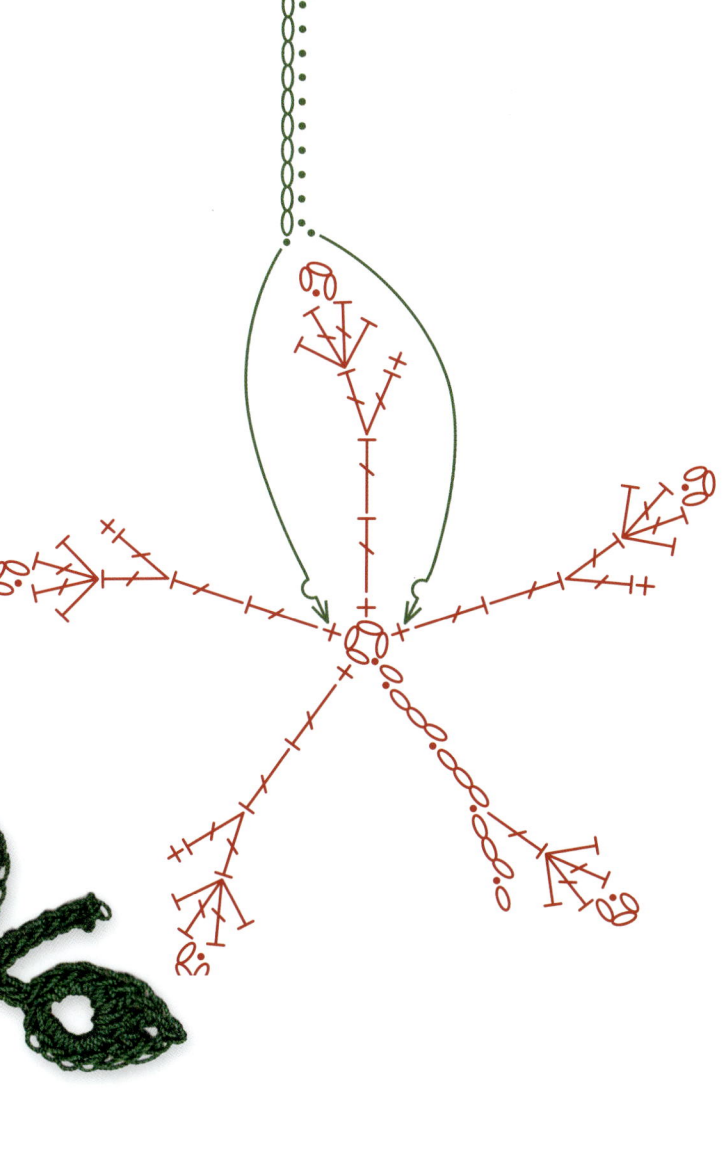

77 튤립

완성작 보기 ▶ 43쪽

완성작 지름: 127mm
실: A-연두색 1.8m, B-다홍색 7.3m

줄기

연두색 실(A)로 사슬뜨기 30코를 뜬다. 3코를 건너뛰고 줄기를 따라 27코에서 빼뜨기를 한다. 사슬뜨기 2코(긴뜨기의 기둥코). 마지막 빼뜨기를 한 코에서 긴뜨기 8코. 기둥코의 두 번째 코에서 빼뜨기를 한다. 연두색 실을 매듭짓는다.

꽃잎

바탕 고리: 다홍색 실(B)로 사슬뜨기 4코를 뜬 후 첫 번째 사슬코에서 빼뜨기를 한다.

1단: 사슬뜨기 2코(긴뜨기의 기둥코). 고리에서 긴뜨기 8코. 지금 뜨고 있는 중심을 줄기의 끝에 달린 원 위에 놓아, 사슬코와 빼뜨기 코가 만나도록 맞춘다. 기둥코의 두 번째 코와 줄기 끝의 원을 만든 빼뜨기 코를 한꺼번에 통과하도록 빼뜨기를 한다.

2단: 사슬뜨기 1코(짧은뜨기의 기둥코). *사슬뜨기 1코. 계속 중심과 줄기를 같이 잡은 상태에서 긴뜨기 1코에서 짧은뜨기. *부터 7회 반복. 사슬뜨기 1코. 기둥코에서 빼뜨기.

3단: 사슬뜨기 1코 공간에서 빼뜨기. 사슬뜨기 2코(긴뜨기의 기둥코). 같은 사슬뜨기 1코 공간에서 긴뜨기. 나머지 사슬뜨기 1코 공간 8곳에서 각각 긴뜨기 2코씩. 기둥코의 두 번째 코에서 빼뜨기.

안쪽 꽃잎

4단: 사슬뜨기 1코(짧은뜨기로 계산). *사슬뜨기 8코를 뜨고 그중 첫째 코에서 [trtr 6코, ch 7코, ss].** 긴뜨기 6코의 앞 가닥에서 짧은뜨기. *부터 1회 반복. *부터 **까지 1회 더 반복. 긴뜨기 5코의 앞 가닥에서 짧은뜨기. 처음 사슬뜨기 1코에서 빼뜨기.

5단: *사슬뜨기 7코 공간에서 짧은뜨기 5코. 3길 긴뜨기 1코에서 [htr 1코, tr 1코]. 3길 긴뜨기 1코에서 2길 긴뜨기 2코. 3길 긴뜨기 1코에서 3길 긴뜨기 1코. 다음 3길 긴뜨기에서 3길 긴뜨기 3코. 3길 긴뜨기 1코에서 2길 긴뜨기 2코. 3길 긴뜨기 1코에서 [tr 1코, htr 1코]. 사슬뜨기 7코 공간에서 짧은뜨기 5코. 빼뜨기 1코 건너뛰고. 짧은뜨기 1코에서 빼뜨기. 사슬뜨기 3코. 짧은뜨기 4코 건너뛴다.** 짧은뜨기 1코에서 빼뜨기. *부터 1회 반복. *부터 **까지 1회 더 반복. 빼뜨기에서 빼뜨기.

6단: *짧은뜨기 1코 건너뛰고. 짧은뜨기 4코와 긴뜨기. 1길 긴뜨기. 2길 긴뜨기의 각 코에서 짧은뜨기. 2길 긴뜨기 1코에서 긴뜨기 2코. 3길 긴뜨기 1코에서 [htr 1코, tr 1코]. 3길 긴뜨기 2코에서 1길 긴뜨기 2코. 사슬뜨기 3코 공간에서 [dtr 1코, ch 2코, dtr 1코]. 3길 긴뜨기 2코에서 1길 긴뜨기 2코. 3길 긴뜨기 1코에서 [tr 1코, htr 1코]. 2길 긴뜨기 1코에서 긴뜨기 2코. 2길 긴뜨기와 1길 긴뜨기. 긴뜨기. 짧은뜨기 4코의 각 코에서 짧은뜨기. 짧은뜨기 1코 건너뛰고. 빼뜨기에서 빼뜨기. 사슬뜨기 3코 공간 건너뛰고. 다음 빼뜨기에서 빼뜨기. *부터 2회 반복.

바깥쪽 꽃잎

7단: 사슬뜨기 2코. 처음에 뜬 안쪽 꽃잎들 뒤에서 바늘을 3단에서 뜬 긴뜨기 중 가장 가까운 코의 뒤 가닥으로 넣어 빼뜨기(꽃잎과 꽃잎 사이의 중간에서 시작해야 한다). 이 단의 나머지도 3단에서 뜬 코의 뒤 가닥에서 뜬다. 사슬뜨기 1코(짧은뜨기로 계산). *사슬뜨기 8코를 뜨고 그중 첫 번째 코에서 [trtr 6코, ch 7코, ss].** 다음 6코에서 짧은뜨기. *부터 1회 반복. *부터 **까지 1회 더 반복. 긴뜨기 5코에서 짧은뜨기. 처음 사슬뜨기 1코에서 빼뜨기.

8단: 바깥쪽 꽃잎으로 바늘을 넣어 5단을 반복.

9단: 바깥쪽 꽃잎으로 바늘을 넣어 6단을 반복. 매듭짓고 남은 실은 보이지 않게 정리한다.

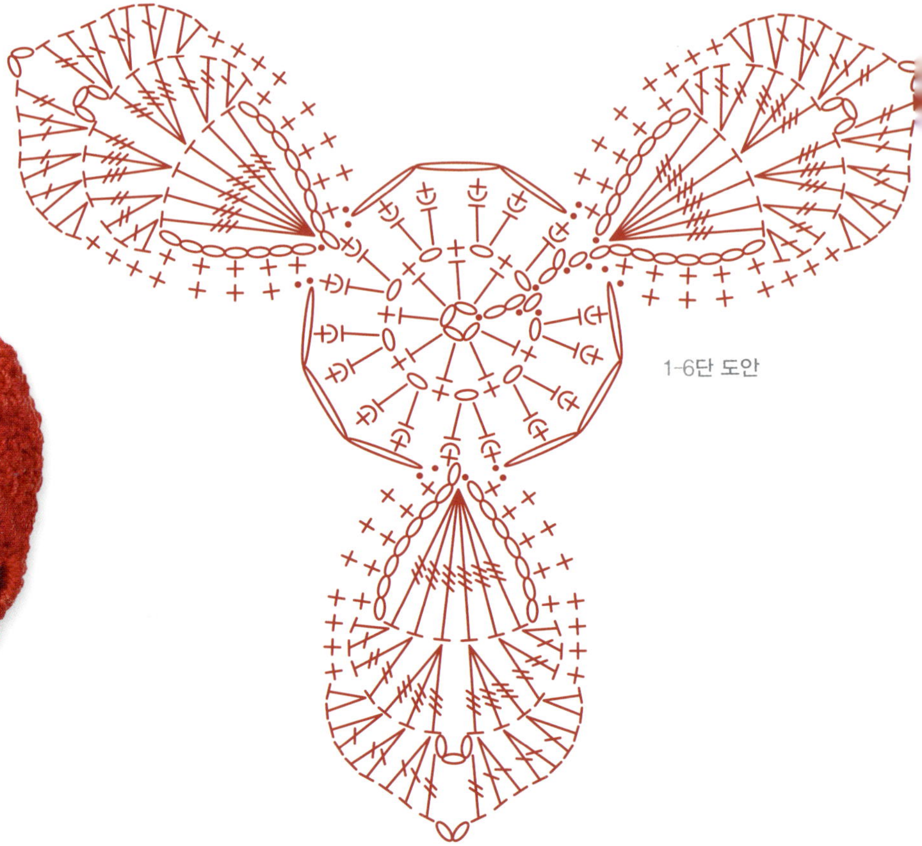

1-6단 도안

78 애벌레

완성작 보기 ▶ 31, 35쪽

완성작 지름: 60mm
실: 연두색 3.7m

바탕 고리: 사슬뜨기 20코.
1단: 사슬뜨기 5코를 뜬 후 바늘에서 다섯 번째 코에서 빼뜨기. 사슬뜨기 3코 건너뛰고, 사슬뜨기 1코에서 1길 긴뜨기. 사슬뜨기 5코를 뜬 후 바늘에서 다섯 번째 코에서 빼뜨기. 사슬뜨기 12코에서 1길 긴뜨기. *사슬뜨기 5코를 뜬 후 바늘에서 다섯 번째 코에서 빼뜨기. 사슬뜨기 1코에서 1길 긴뜨기. *부터 1회 반복한다. 사슬뜨기 1코에서 1길 긴뜨기. 사슬뜨기 3코. 사슬뜨기 1코에서 빼뜨기.
2단: 사슬뜨기 3코. 편물을 돌리지 말고, 사슬뜨기의 다른 쪽 가닥에서 뜬다. 사슬뜨기 2코에서 1길 긴뜨기. 사슬뜨기 5코를 뜬 후 바늘에서 다섯 번째 코에서 빼뜨기. 사슬뜨기 1코에서 1길 긴뜨기. 사슬뜨기 5코를 뜬 후 바늘에서 다섯 번째 코에서 빼뜨기. 사슬뜨기 12코에서 1길 긴뜨기. 사슬뜨기 5코를 뜬 후 바늘에서 다섯 번째 코에서 빼뜨기. 사슬뜨기 1코에서 1길 긴뜨기. 사슬뜨기 5코를 든 후 바늘에서 다섯 번째 코에서 빼뜨기. 사슬뜨기 3코. 마지막 빼뜨기를 한 코에서 빼뜨기.
양쪽 연결하기: 사슬뜨기 1코. 애벌레를 겉면이 바깥으로 향하도록 길게 반으로 접는다. 44㎜ 길이의 털실로 애벌레 안을 채운다. 양쪽의 사슬뜨기 3코 공간을 잘 맞추고 짧은뜨기를 해서 연결한다. 사슬뜨기 2코. 사슬코와 실을 첫 번째 쌍의 발로 가져가서 다음 한 쌍의 1길 긴뜨기 뒤 가닥에서 빼뜨기를 한다. *사슬뜨기 1코. 사슬코와 실을 다음 쌍의 발로 가져간다.** 다음 12쌍의 1길 긴뜨기 뒤 가닥에서 빼뜨기를 한다. *부터 **까지 반복한 후, 다음 한 쌍의 1길 긴뜨기에서 빼뜨기를 한다. *부터 **까지 반복한 후, 다음 두 쌍의 1길 긴뜨기에서 빼뜨기를 한다. 다음 한 쌍의 사슬뜨기 3코 공간에서 [짧은뜨기 3코, 빼뜨기]. 실을 매듭짓고, 남은 실은 보이지 않게 정리한다.

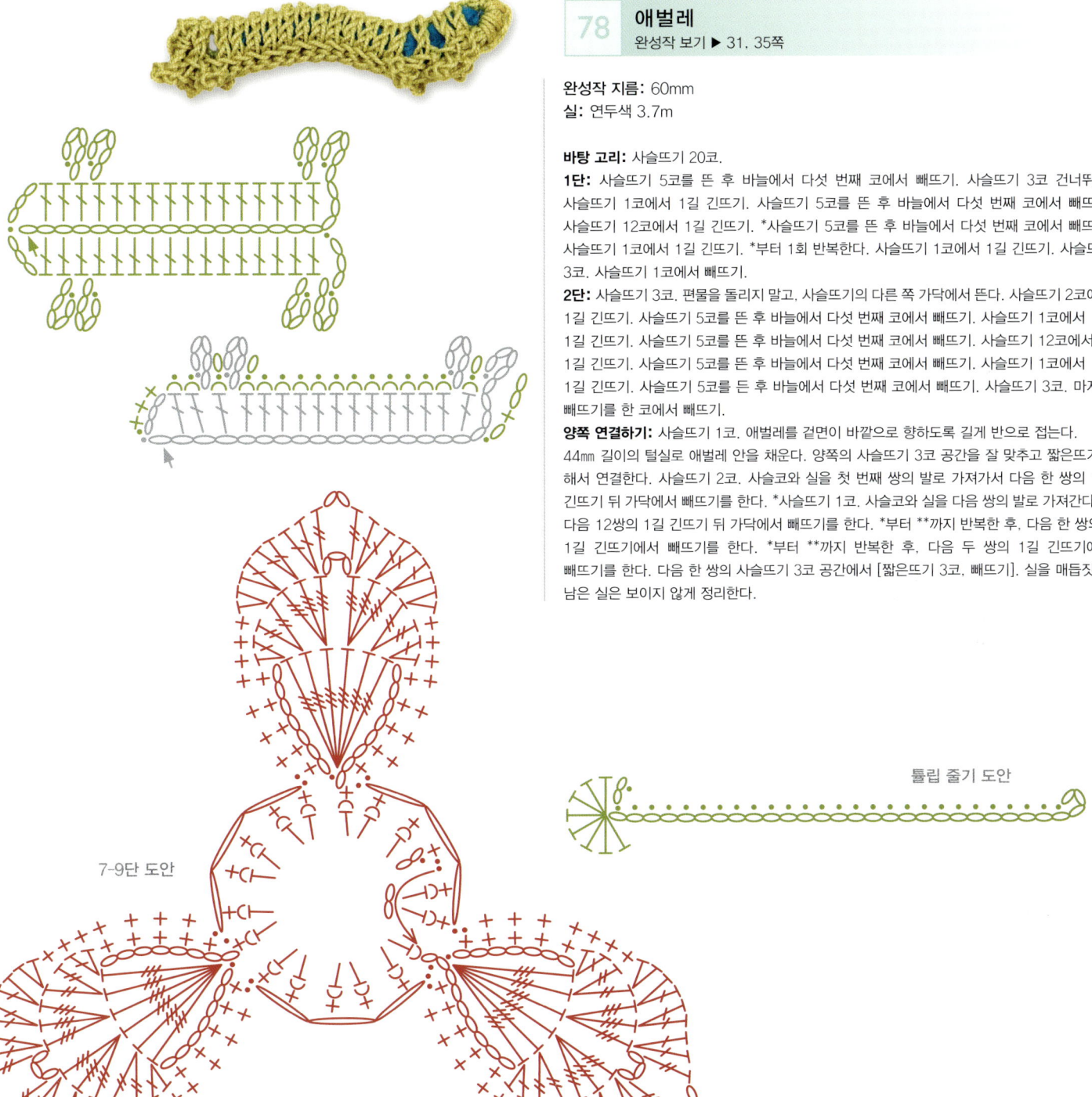

79 붓꽃

완성작 보기 ▶ 29쪽

 A B

완성작 지름: 76mm
실: A-짙은 파란색 7.3m, B-노란색 1.8m

중심
바탕 고리: 짙은 파란색 실(A)로 사슬뜨기 4코를 뜬 후 첫 번째 사슬코에서 빼뜨기.
1단: 사슬뜨기 1코(짧은뜨기의 기둥코). 고리에서 짧은뜨기 5코. 기둥코에서 빼뜨기.
2단: 1단에서 뜬 코의 앞 가닥으로 뜬다. *사슬뜨기 6코. 그중 첫째 코에서 [dtr 1코, ch 5코, ss].** 다음 짧은뜨기 2코에서 빼뜨기. *부터 1회 반복. *부터 **까지 1회 더 반복. 짧은뜨기 1코에서 빼뜨기. 노란색 실(B)로 바꾸어 다음 빼뜨기의 뒤 가닥에서 빼뜨기.

꽃잎
3단: 사슬뜨기 1코(짧은뜨기의 기둥코). 2단의 뒤에서 바늘을 1단에서 뜬 코의 뒤 가닥으로 넣어서 뜬다. 짧은뜨기 1코에서 짧은뜨기. *사슬뜨기 6코. 그중 첫째 코에서 [dtr 2코, ch 5코, ss].** 다음 짧은뜨기 2코에서 짧은뜨기. *부터 1회 반복. *부터 **까지 1회 더 반복. 짙은 파란색 실(A)로 바꾸어 기둥코에서 빼뜨기. 계속 짙은 파란색 실로 뜬다.
4단: 짧은뜨기에서 빼뜨기. *사슬뜨기 4코. 사슬뜨기 5코 공간 끝에서 짧은뜨기. 사슬뜨기 2코. 2길 긴뜨기 1코에서 [dtr 2코, trtr 1코]. 2길 긴뜨기 1코에서 [trtr 1코, dtr 2코]. 사슬뜨기 2코. 사슬뜨기 5코 공간에서 짧은뜨기. 사슬뜨기 4코. 빼뜨기 1코 건너뛴다.** 짧은뜨기 2코에서 빼뜨기. *부터 1회 반복. *부터 ** 1회 더 반복. 빼뜨기 2코에서 빼뜨기.
5단: *사슬뜨기 4코. 사슬뜨기 4코 공간과 짧은뜨기 1코 건너뛰고, 사슬뜨기 2코 공간에서 [dc 1코, ch 1코, tr 3코]. 2길 긴뜨기 2코의 각 코에서 tr 3코. 3길 긴뜨기 1코에서 [tr 1코, dtr 1코]. 사슬뜨기 2코. 3길 긴뜨기 1코에서 [dtr 1코, tr 1코]. 2길 긴뜨기 2코에서 1길 긴뜨기 3코. 사슬뜨기 2코 공간에서 [tr 3코, ch 1코, dc 1코]. 사슬뜨기 4코. 짧은뜨기 1코와 사슬뜨기 4코 공간 건너뛰고, 빼뜨기 2코에서 빼뜨기. *부터 2회 반복. 매듭짓고, 남은 실은 보이지 않게 정리한다.

1-2단 도안

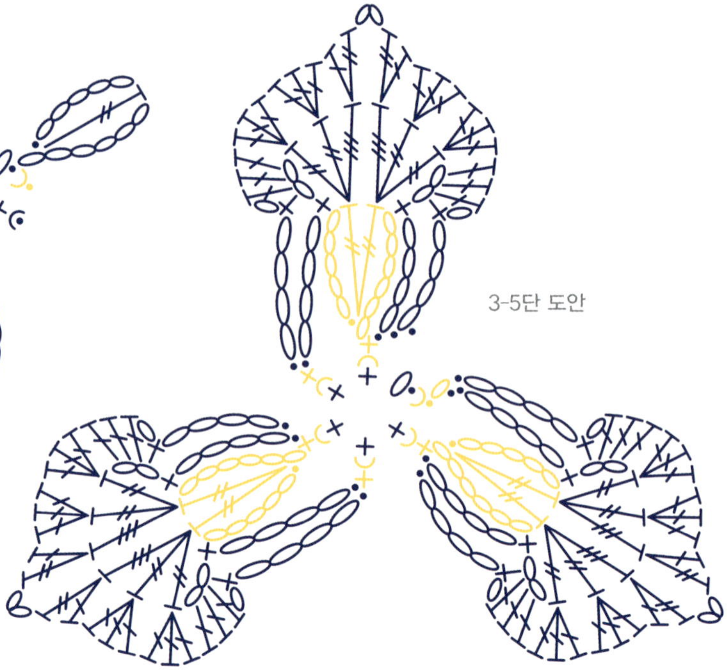

3-5단 도안

기호 ⊂ = 아랫단에서 뜬 코의 뒤 가닥에서 뜨기   ⊃ = 아랫단에서 뜬 코의 앞 가닥에서 뜨기
☛ = 바늘을 빼뜨기 위에서 아랫단 사슬코로 넣어서 빼뜨기

80 워터아이리스
완성작 보기 ▶ 33쪽

A B

완성작 지름: 70mm
실: A-연보라색 9.1m, B-노란색 1.8m

중심과 안쪽 꽃잎
바탕 고리: 연보라색 실(A)로 사슬뜨기 4코를 뜬 후 첫 번째 사슬코에서 빼뜨기를 한다.
1단: 사슬뜨기 1코(짧은뜨기의 기둥코). 고리에서 짧은뜨기 5코. 기둥코에서 빼뜨기.
2단: 이번 단은 1단에서 뜬 코의 앞 가닥에서 뜬다. *사슬뜨기 6코를 뜨고 그중 첫 번째 코에서 [dtr 1코, ch 5코, ss].** 다음 짧은뜨기 2코에서 빼뜨기. *부터 1회 반복한 후, *부터 ** 까지 1회 더 반복한다. 짧은뜨기 1코에서 빼뜨기. 노란색 실(B)로 바꾸어 다음 빼뜨기의 뒤 가닥에서 빼뜨기한다. 계속 노란색 실로 뜬다.

바깥쪽 꽃잎
3단: 사슬뜨기 1코(짧은뜨기의 기둥코). 이번 단은 2단 뒤에서 바늘을 1단에서 뜬 코의 뒤 가닥으로 넣어 뜬다. 짧은뜨기 1코에서 짧은뜨기. *사슬뜨기 6코를 뜨고 그중 첫 번째 코에서 [dtr 6코, ch 5코, ss]. 다음 짧은뜨기 2코에서 짧은뜨기. *부터 1회 반복한 후, *부터 **까지 1회 더 반복한다. 연보라색 실로 바꾸어, 빼뜨기에서 빼뜨기한다. 계속 연보라색 실로 뜬다.
4단: *사슬뜨기 6코를 뜨고 그중 첫 번째 코에서 [dtr 2코, ch 5코, ss]. 짧은뜨기 1코와 사슬뜨기(다음 꽃잎의 시작코)의 각 코에서 빼뜨기. 사슬뜨기 5코 공간에서 [dc 3코, htr 1코]. 2길 긴뜨기 1코에서 1길 긴뜨기 2코. 사슬뜨기 2코. 다음 2길 긴뜨기에서 1길 긴뜨기 2코. 사슬뜨기 5코 공간에서 [htr 1코, dc 3코]. 바늘을 빼뜨기 위에서 꽃잎의 시작코로 넣어 빼뜨기.** 다음 짧은뜨기에서 빼뜨기. *부터 1회 반복한 후, *부터 **까지 1회 더 반복한다. 빼뜨기에서 빼뜨기를 한다.
5단: *다음 사슬뜨기(다음 꽃잎의 시작코)에서 빼뜨기. 사슬뜨기 5코 공간에서 [dc 3코, htr 1코]. 2길 긴뜨기 1코에서 [tr 1코, dtr 1코, trtr 1코]. 사슬뜨기 2코. 다음 2길 긴뜨기에서 [trtr 1코, dtr 1코, tr 1코]. 사슬뜨기 5코 공간에서 [htr 1코, dc 3코]. 바늘을 빼뜨기 위에서 꽃잎의 시작코로 넣어 빼뜨기. 빼뜨기에서 빼뜨기. 사슬뜨기 3코. 빼뜨기 1코와 짧은뜨기 2코 건너뛰고 짧은뜨기에서 짧은뜨기. 긴뜨기에서 긴뜨기. 1길 긴뜨기 1코에서 1길 긴뜨기 2코. 1길 긴뜨기 1코에서 2길 긴뜨기 2코. 사슬뜨기 2코 공간에서 [trtr 2코, ch 2코, trtr 2코]. 1길 긴뜨기 1코에서 2길 긴뜨기 2코. 1길 긴뜨기 1코에서 1길 긴뜨기 2코. 긴뜨기에서 긴뜨기. 짧은뜨기 1코에서 짧은뜨기. 사슬뜨기 3코. 짧은뜨기 2코와 빼뜨기 1코 건너뛰고 빼뜨기 1코에서 빼뜨기. *부터 2회 반복. 매듭짓고, 남은 실은 보이지 않게 정리한다.

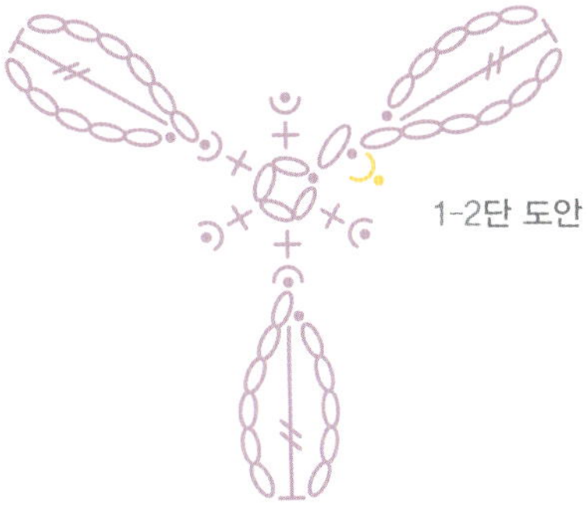

1-2단 도안

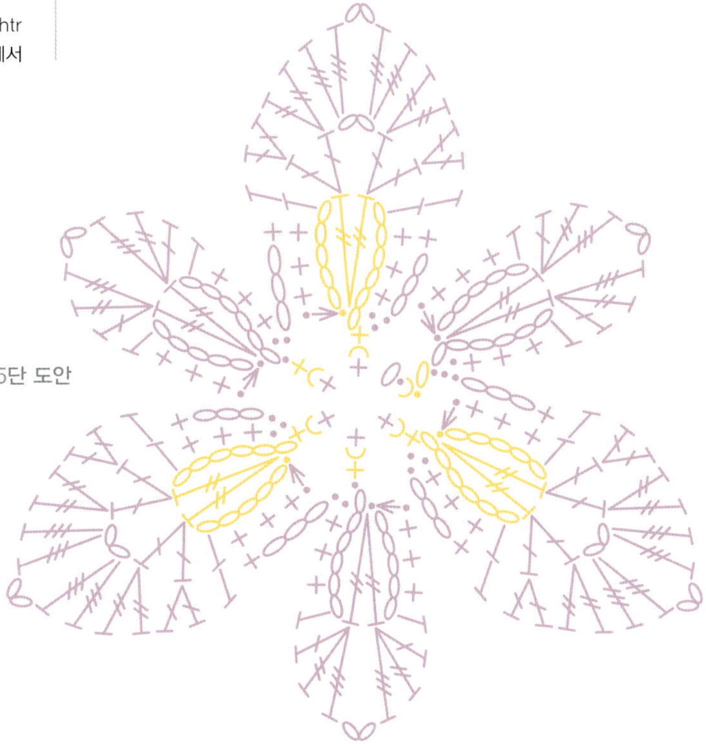

3-5단 도안

81 해당화

완성작 보기 ▶ 41, 43쪽

  A B

완성작 지름: 51mm
실: A-노란색 0.9m, B-진분홍색 7.3m

중심
바탕 고리: 노란색 실(A)로 사슬뜨기 4코를 뜬 후 첫 번째 사슬코에서 빼뜨기.
1단: 사슬뜨기 1코(짧은뜨기의 기둥코). 고리에서 짧은뜨기 7코. 진분홍색 실(B)로 기둥코에서 빼뜨기를 한다. 계속 진분홍색 실로 뜬다.

꽃잎
2단: 사슬뜨기 1코(짧은뜨기로 계산). *사슬뜨기 4코. 짧은뜨기 1코에서 짧은뜨기 1코. *부터 6회 반복한다. 사슬뜨기 4코. 처음 사슬뜨기 1코에서 빼뜨기를 한다.
3단: *사슬뜨기 4코 공간에서 [짧은뜨기 2코, 사슬뜨기 2코, 짧은뜨기 2코].** 짧은뜨기에서 빼뜨기. *부터 6회 반복한 후, *부터 **까지 1회 더 반복한다. 빼뜨기에서 빼뜨기를 한다.
4단: 사슬뜨기 2코. *다음 꽃잎의 뒤쪽 아래로 사슬코를 가져가서, 사슬뜨기 2코 부분 아래에서 바늘을 앞으로 넣어 꽃잎에서 짧은뜨기를 한다(2단에서 뜬 사슬코에 코를 고정한다). 사슬뜨기 4코. *부터 7회 반복한다. 처음 짧은뜨기에서 빼뜨기를 한다.
5단: 사슬뜨기 4코 공간에서 [짧은뜨기 1코, 긴뜨기 1코, 1길 긴뜨기 2코, 긴뜨기 1코, 짧은뜨기 1코].** 짧은뜨기에서 빼뜨기. *부터 6회 반복한 후, *부터 **까지 1회 더 반복한다. 빼뜨기에서 빼뜨기를 한다.
6단: 사슬뜨기 4코 공간에서 [짧은뜨기 1코, 긴뜨기 1코, 1길 긴뜨기 2코, 긴뜨기 1코, 짧은뜨기 1코].** 짧은뜨기에서 빼뜨기. *부터 6회 반복한 후, *부터 **까지 1회 더 반복한다. 빼뜨기에서 빼뜨기를 한다.
7단: 5단을 반복한다. 실을 매듭짓고, 남은 실은 보이지 않게 정리한다.

달리아 패턴
(오른쪽 페이지)

기호 ↔ = 꽃잎 뒤에서 꽃잎 밑부분에 있는 사슬코에 코를 고정하는 짧은뜨기

99 고급 디자인

82 달리아
완성작 보기 ▶ 38쪽

완성작 지름: 57mm
실: 포도주색 9.1m

바탕 고리: 사슬뜨기 5코를 뜬 후 첫 번째 사슬코에서 빼뜨기.
1단: 사슬뜨기 1코(짧은뜨기의 기둥코). 고리에서 짧은뜨기 9코. 기둥코에서 빼뜨기.
2단: 사슬뜨기 1코(짧은뜨기의 기둥코). *사슬뜨기 5코. 짧은뜨기 1코에서 짧은뜨기. *부터 8회 반복. 사슬뜨기 5코. 기둥코에서 빼뜨기.
3단: *사슬뜨기 5코 고리에서 [짧은뜨기 2코, 사슬뜨기 2코, 짧은뜨기 2코].** 짧은뜨기에서 빼뜨기. *부터 8회 반복한 후, *부터 **까지 1회 더 반복. 빼뜨기에서 빼뜨기.
4단: 사슬뜨기 1코. *다음 꽃잎의 뒤쪽 아래로 사슬코를 가져가서, 사슬뜨기 2코 부분 아래에서 바늘을 앞으로 넣어 꽃잎에서 짧은뜨기(2단에서 뜬 사슬코에 코를 고정한다). 사슬뜨기 3코. *부터 9회 반복한 후, 처음 짧은뜨기에서 빼뜨기.
5단: *사슬뜨기 3코 공간에서 [짧은뜨기 1코, 1길 긴뜨기 1코, 사슬뜨기 1코, 1길 긴뜨기 1코, 짧은뜨기 1코].** 짧은뜨기에서 빼뜨기. *부터 8회 반복, *부터 **까지 1회 더 반복. 빼뜨기에서 빼뜨기.
6단: 사슬뜨기 2코. *다음 꽃잎의 뒤쪽 아래로 사슬코를 가져가서, 사슬뜨기 1코 부분 아래에서 바늘을 앞으로 넣어 꽃잎에서 짧은뜨기(2단에서 뜬 사슬코에 코를 고정한다). 사슬뜨기 4코. *부터 9회 반복한 후, 처음 짧은뜨기에서 빼뜨기.
7단: *사슬뜨기 3코 공간에서 [짧은뜨기 1코, 긴뜨기 1코, 1길 긴뜨기 1코, 사슬뜨기 1코, 1길 긴뜨기 1코, 긴뜨기 1코, 짧은뜨기 1코].** 짧은뜨기에서 빼뜨기. *부터 8회 반복한 후, *부터 **까지 1회 더 반복한다. 빼뜨기에서 빼뜨기를 한다. 실을 매듭짓고, 남은 실은 보이지 않게 정리한다.

83 관목장미
완성작 보기 ▶ 26, 37쪽

완성작 지름: 51mm
실: 노란색 9.1m

바탕 고리: 사슬뜨기 6코를 뜬 후 첫 번째 사슬코에서 빼뜨기.
1단: 사슬뜨기 1코(짧은뜨기의 기둥코). 고리에서 짧은뜨기 11코. 기둥코에서 빼뜨기.
2단: 사슬뜨기 1코(짧은뜨기로 계산). *사슬뜨기 4코. 짧은뜨기 1코 건너뛰고, 짧은뜨기 1코에서 짧은뜨기. *부터 4회 반복한다. 사슬뜨기 4코. 처음 사슬뜨기 1코에서 빼뜨기.
3단: 사슬뜨기 4코 공간에서 빼뜨기. 사슬뜨기 1코(짧은뜨기로 계산). 동일한 사슬뜨기 4코 공간에서 [tr 1코, ch 1코, tr 1코, dc 1코]. 나머지 사슬뜨기 4코 공간 5곳에서 각각 [dc 1코, tr 1코, ch 1코, tr 1코, dc 1코]. 처음 사슬뜨기 1코에서 빼뜨기.
4단: 사슬뜨기 2코. *다음 꽃잎의 뒤쪽 아래로 사슬코를 가져가서, 사슬뜨기 1코 부분 아래에서 바늘을 앞으로 넣어 꽃잎에서 짧은뜨기(2단에서 뜬 사슬코에 코를 고정한다). 사슬뜨기 5코. *부터 5회 반복한다. 처음 짧은뜨기에서 빼뜨기.
5단: 다음 사슬뜨기 5코 공간에서 빼뜨기. 사슬뜨기 1코(짧은뜨기로 계산). 동일한 사슬뜨기 5코 공간에서 [tr 2코, ch 1코, tr 2코, dc 1코]. 나머지 사슬뜨기 5코 공간 5곳에서 각각 [dc 1코, tr 2코, ch 1코, tr 2코, dc 1코]. 처음 사슬뜨기 1코에서 빼뜨기.
6단: 사슬뜨기 2코. *다음 꽃잎의 뒤쪽 아래로 사슬코를 가져가서, 사슬뜨기 1코 부분 아래에 바늘을 넣어 꽃잎에서 짧은뜨기를 한다(4단에서 뜬 사슬코에 코를 고정한다). 사슬뜨기 6코. *부터 5회 반복한다. 처음 짧은뜨기에서 빼뜨기.
7단: 다음 사슬뜨기 6코 공간에서 빼뜨기. 사슬뜨기 1코(짧은뜨기로 계산). 동일한 사슬뜨기 6코 공간에서 [tr 1코, dtr 2코, ch 1코, dtr 2코, tr 1코, dc 1코]. 나머지 사슬뜨기 6코 공간 5곳에서 각각 [dc 1코, tr 1코, dtr 2코, ch 1코, dtr 2코, tr 1코, dc 1코]. 처음 사슬뜨기 1코에서 빼뜨기를 한다. 실을 매듭짓고, 나머지 실은 보이지 않게 정리한다.

84 프리지어

완성작 보기 ▶ 36쪽

완성작 지름: 89mm
실: A-노란색 7.3m, B-연두색 1.8m

바탕 고리: 노란색 실(A)로 사슬뜨기 5코를 뜬 후 첫 번째 사슬코에서 빼뜨기.
1단: 사슬뜨기 1코(짧은뜨기의 기둥코). 고리에서 짧은뜨기 5코. 기둥코에서 빼뜨기.
2단: 사슬뜨기 3코(1길 긴뜨기의 기둥코). 짧은뜨기 5코의 앞 가닥에서 1길 긴뜨기. 기둥코의 세 번째 코에서 빼뜨기.
3단: 사슬뜨기 1코(짧은뜨기의 기둥코). 2단에서 연결하는 빼뜨기를 한 코에서 짧은뜨기. 1길 긴뜨기 5코의 각 코에서 짧은뜨기 2코씩. 기둥코에서 빼뜨기.
4단: 사슬뜨기 1코(짧은뜨기의 기둥코). 짧은뜨기에서 짧은뜨기. *사슬뜨기 5코. 짧은뜨기 2코에서 짧은뜨기. *부터 4회 반복한다. 기둥코에서 빼뜨기.
5단: 짧은뜨기와 사슬뜨기 5코 고리에서 빼뜨기. 사슬뜨기 1코(짧은뜨기로 계산). 동일한 사슬뜨기 5코 고리에서 [긴뜨기 1코, 1길 긴뜨기 1코, 사슬뜨기 1코, 1길 긴뜨기 1코, 긴뜨기 1코, 짧은뜨기 1코]. 나머지 사슬뜨기 5코 고리의 각 고리에서 [짧은뜨기 1코, 긴뜨기 1코, 1길 긴뜨기 1코, 사슬뜨기 1코, 1길 긴뜨기 1코, 긴뜨기 1코, 짧은뜨기 1코]. 처음 사슬뜨기 1코에서 빼뜨기를 한다. 실을 매듭짓고. 남은 실은 보이지 않게 정리한다.
위와 같은 방법으로 두 번째 꽃송이를 뜬다.

줄기: 연두색 실(B)로 사슬뜨기 36코를 뜬다. 2코 건너뛰고 줄기를 따라 사슬뜨기 2코에서 빼뜨기를 한다. *사슬뜨기 6코를 뜨고 그중 두 번째 코에서 [2길 긴뜨기 1코, 사슬뜨기 4코, 빼뜨기 1코]. 사슬뜨기 6코의 첫 번째 코에서 빼뜨기. 다시 줄기로 돌아와 사슬뜨기 1코 건너뛰고, 사슬뜨기 3코에서 빼뜨기. *부터 2회 반복한다.** 사슬뜨기 3코. 꽃송이 하나를 붙이는데, 꽃송이의 안쪽 면(꽃 아랫부분)이 위로 오게 잡고 1단에서 뜬 짧은뜨기 1코의 뿌리에서 빼뜨기를 한다. 짧은뜨기 2코 건너뛰고, 역시 1단의 다른 짧은뜨기 1코의 뿌리에서 빼뜨기를 한다. 사슬뜨기 3코의 세 번째, 두 번째, 첫 번째 사슬코에서 빼뜨기를 한다. 다시 줄기에서 사슬뜨기 1코 건너뛰고, 사슬뜨기 3코에서 빼뜨기. **부터 1회 반복한다. 나머지 사슬뜨기 12코에서 빼뜨기. 실을 매듭짓고, 남은 실은 보이지 않게 정리한다.

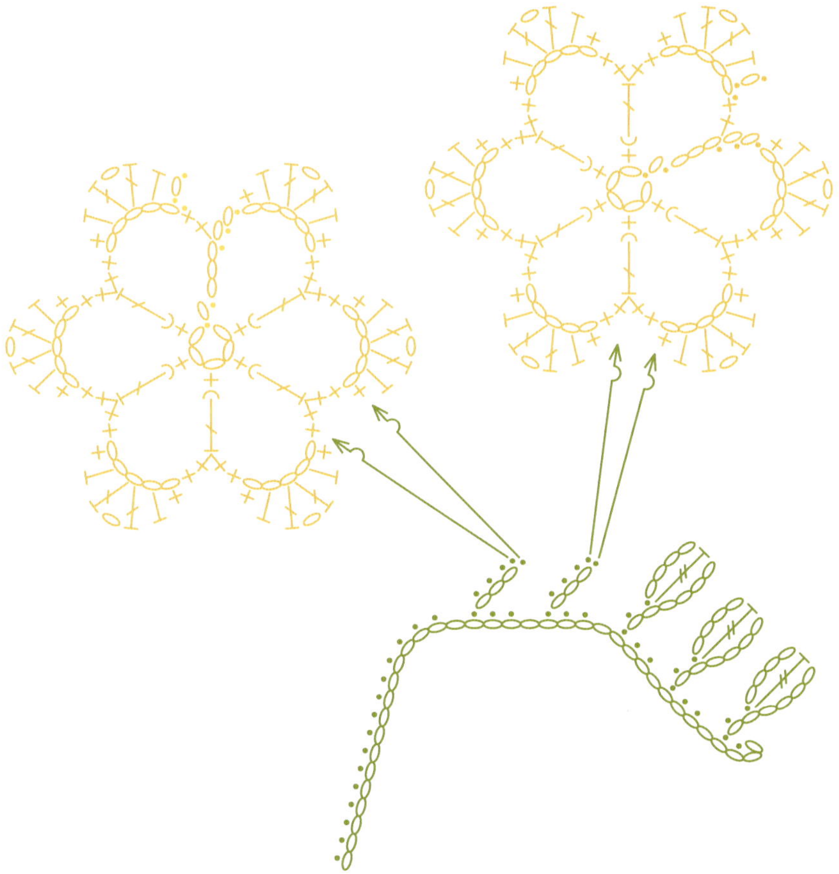

고급 디자인 | 101

85	초롱꽃
	완성작 보기 ▶ 27쪽

A B

완성작 지름: 57mm
실: A-하늘색 3.7m, B-연두색 0.9m

바탕 고리: 하늘색 실(A)로 사슬뜨기 5코를 뜬 후 첫 번째 사슬코에서 빼뜨기.
1단: 사슬뜨기 1코(짧은뜨기의 기둥코). 고리에서 짧은뜨기 9코. 기둥코에서 빼뜨기.
2단: 사슬뜨기 1코(짧은뜨기의 기둥코). 이번 단은 1단에서 뜬 코의 앞 가닥에서 뜬다. *짧은뜨기 1코에서 1길 긴뜨기 2코. 짧은뜨기 1코에서 짧은뜨기. *부터 3회 반복한다. 짧은뜨기 1코에서 1길 긴뜨기 2코. 기둥코에서 빼뜨기.
3단: *사슬뜨기 2코. 1길 긴뜨기에서 1길 긴뜨기. 사슬뜨기 1코. 다음 1길 긴뜨기 1코에서 1길 긴뜨기. 사슬뜨기 2코.** 짧은뜨기 1코에서 빼뜨기. *부터 3회 반복한 후, *부터 **까지 1회 더 반복한다. 빼뜨기에서 빼뜨기를 한다.
4단: *사슬뜨기 1코. 사슬뜨기 2코 공간과 1길 긴뜨기 건너뛰고. 사슬뜨기 1코 공간에서 [짧은뜨기 2코. 사슬뜨기 3코. 짧은뜨기 2코]. 사슬뜨기 1코. 1길 긴뜨기와 사슬뜨기 2코 공간 건너뛰고. 빼뜨기에서 빼뜨기를 한다. *부터 4회 반복한다. 하늘색 실(A)을 매듭짓는다.
줄기: 꽃송이의 안쪽 면이 위로 오게 잡는다(즉, 꽃을 뒤집어 잡는다). 연두색 실(B)로 바꾸어 1단에서 뜬 코의 뒤 가닥에서 짧은뜨기 10코를 뜬다. 이제 나선형으로 코를 뜨도록 한다. 줄기의 첫 번째 짧은뜨기에서 짧은뜨기를 한 후, [짧은뜨기 1코 건너뛰기, 짧은뜨기 1코에서 짧은뜨기]를 8회 한다. 사슬뜨기 15코. 2코 건너뛰고 줄기를 따라 사슬뜨기 13코에서 빼뜨기. 마지막 짧은뜨기에서 빼뜨기를 한다. 연두색 실을 매듭짓고, 남은 실은 보이지 않게 정리한다.

86	팬지
	완성작 보기 ▶ 33쪽

A B C

완성작 지름: 57mm
실: A-노란색 0.9m, B-진보라색 3.7m, C-흰색 2.7m

중심
바탕 고리: 노란색 실(A)로 사슬뜨기 4코를 뜬 후 첫 번째 사슬코에서 빼뜨기.
1단: 사슬뜨기 1코(짧은뜨기의 기둥코). 고리에서 짧은뜨기 7코. 진보라색 실(B)로 바꾸어 기둥코에서 빼뜨기를 한다. 계속 진보라색 실로 뜬다.

꽃잎
2단: 사슬뜨기 4코를 뜨고, 1단에서 연결하는 빼뜨기를 한 코에서 빼뜨기를 한다. *짧은뜨기 1코에서 [ss, ch 2코, tr 1코, dtr 1코]. 짧은뜨기 1코에서 [dtr 1코, tr 1코, ch 2코, ss].** 짧은뜨기 1코에서 [ss, ch 2코, tr 1코, dtr 1코]. 사슬뜨기 1코. 짧은뜨기 1코에서 짧은뜨기. 사슬뜨기 1코. 짧은뜨기 1코에서 [dtr 1코, tr 1코, ch 2코, ss]. *부터 **까지 1회 반복한다. 빼뜨기에서 빼뜨기를 한다.
3단: 사슬뜨기 4코 고리에서 빼뜨기. *사슬뜨기 8코. 그중 첫째 코에서 [trtr 8코, ch 7코, ss]. 동일한 사슬뜨기 4코 고리에서 빼뜨기. *부터 1회 반복. 빼뜨기 1코 건너뛰기. 흰색 실(C)로 바꾸어 다음 빼뜨기에서 빼뜨기를 한다.** 사슬뜨기 2코 공간에서 짧은뜨기 2코. 1길 긴뜨기에서 [tr 1코, dtr 1코]. 2길 긴뜨기 1코에서 [dtr 1코, trtr 1코]. 다음 2길 긴뜨기에서 [trtr1코, dtr 1코]. 1길 긴뜨기에서 [dtr 1코, tr 1코]. 사슬뜨기 2코 공간에서 짧은뜨기 2코. 빼뜨기 1코 건너뛰고 빼뜨기 1코에서 빼뜨기.*** 사슬뜨기 2코 공간에서 짧은뜨기 2코. 1길 긴뜨기에서 [tr 1코, dtr 1코]. 2길 긴뜨기에서 [dtr 1코, trtr 1코, dtr 1코]. 짧은뜨기에서 [dtr 1코, ch 1코, dc 1코, ch 1코]. 2길 긴뜨기에서 [dtr 1코, trtr 1코, dtr 1코]. 1길 긴뜨기에서 [dtr 1코, tr 1코]. 사슬뜨기 2코 공간에서 짧은뜨기 2코. 빼뜨기 1코 건너뛰고, 빼뜨기 1코에서 빼뜨기. *부터 ***까지 반복한다. 실을 매듭짓고, 남은 실은 보이지 않게 정리한다.

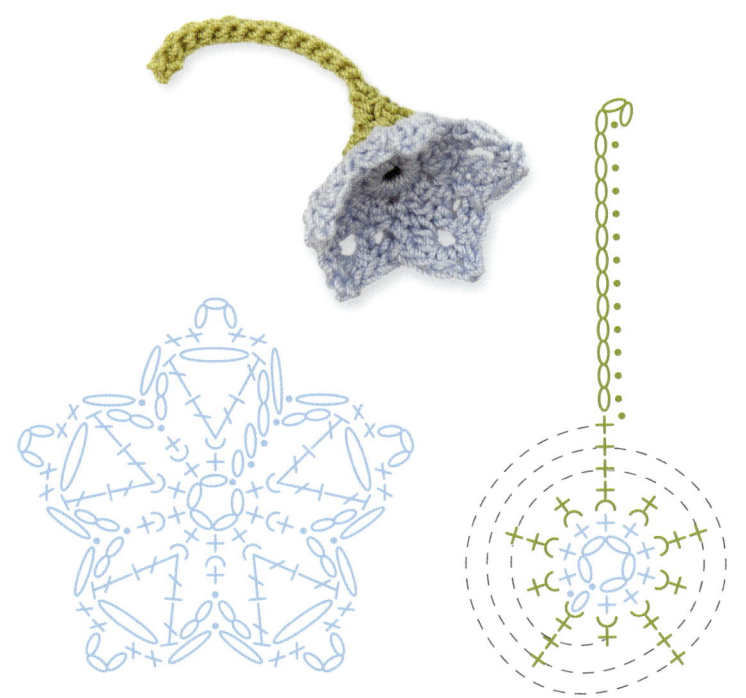

87 자목련

완성작 보기 ▶ 33쪽

A B

완성작 지름: 70mm
실: A-진분홍색 1.8m, B-연분홍색 10.1m

중심
바탕 고리: 진분홍색 실(A)로 사슬뜨기 4코를 뜬 후 첫 번째 사슬코에서 빼뜨기.
1단: 사슬뜨기 1코(짧은뜨기의 기둥코). 고리에서 짧은뜨기 7코. 기둥코에서 빼뜨기.
2단: 이번 단은 1단에서 뜬 코의 앞 가닥에서 뜬다. *사슬뜨기 2코. 짧은뜨기 1코에서 [1길 긴뜨기 2코, 사슬뜨기 2코, 1길 긴뜨기 2코]. 사슬뜨기 2코. 짧은뜨기 1코에서 빼뜨기. *부터 2회 반복한다. 사슬뜨기 2코. 짧은뜨기 1코에서 1길 긴뜨기 2코. 사슬뜨기 1코. 바늘을 앞에서 뜬 세 개 엽의 사슬뜨기 2코 부분에 넣는다(먼저 세 번째 엽 앞으로, 다음은 두 번째 엽 앞으로, 그리고 첫 번째 엽 앞으로 바늘을 넣는다). 그러고는 한번에 빼뜨기를 한다. 사슬뜨기 1코. 마지막 1길 긴뜨기를 한 코에서 1길 긴뜨기 2코. 사슬뜨기 2코. 연분홍색 실(B)로 바꾸어 빼뜨기에서 빼뜨기를 한다. 계속 연분홍색 실로 뜬다.

꽃잎
3단: 사슬뜨기 1코(짧은뜨기로 계산). *사슬뜨기 2코. 2단의 뒤에서 바늘을 1단에서 뜬 코의 뒤 가닥으로 넣어 뜬다. 짧은뜨기 1코에서 짧은뜨기. *부터 6회 반복한다. 사슬뜨기 2코. 처음 사슬뜨기 1코에서 빼뜨기.
4단: 사슬뜨기 2코 공간 8곳의 각 공간에서 [빼뜨기 1코, 사슬뜨기 6코, 3길 긴뜨기 1코, 사슬뜨기 6코, 빼뜨기 1코]. 첫 번째 빼뜨기에서 빼뜨기.
5단: *다음 사슬뜨기 6코 공간에서 짧은뜨기 3코. 사슬뜨기 4코. 3길 긴뜨기에서 [2길 긴뜨기 1코, 3길 긴뜨기 2코, 3길 긴뜨기 2코, 2길 긴뜨기 1코]. 사슬뜨기 4코. 사슬뜨기 6코 공간에서 짧은뜨기 3코. 빼뜨기 1코 건너뛰고, 빼뜨기 1코에서 빼뜨기. *부터 7회 반복. 실을 매듭짓고. 남은 실은 보이지 않게 정리한다.

88 토끼풀꽃

완성작 보기 ▶ 31쪽

A B

완성작 지름: 64mm
실: A-연두색 1.8m, B-연분홍색 1.8m

잎사귀와 줄기
연두색 실(A)로 사슬뜨기 20코를 뜬다. 사슬뜨기 5코를 뜨고, 바늘에서 다섯 번째 코에서 빼뜨기를 해서 잎의 바탕 고리를 만든다. 줄기를 지나(실을 줄기 밑으로 통과시킨다) 고리에서 [사슬뜨기 4코, 2길 긴뜨기 1코, 사슬뜨기 1코, 2길 긴뜨기 1코, 사슬뜨기 4코, 빼뜨기 1코]를 3회 한다. 바늘을 잎 아래로 가져가서 마지막 사슬뜨기 5코의 첫 번째 코(고리가 시작되는 코)에서 빼뜨기를 한다. 다시 줄기로 돌아가 다음 사슬뜨기 3코에서 빼뜨기를 한다. 사슬뜨기 5코. 2코 건너뛰고, 나머지 20코에서 빼뜨기(비어 있는 사슬코에서만 빼뜨기를 하고, 잎의 줄기가 시작되는 코에서는 하지 않는다). 연두색 실을 매듭짓는다.

꽃
연분홍색 실(B)로 사슬뜨기 14코를 뜬다. *사슬뜨기 6코를 뜬 후 바늘에서 여섯 번째 코에서 빼뜨기를 한다. 사슬뜨기 14코로 가서 사슬뜨기 1코에서 빼뜨기를 한다. *부터 13회 반복한다. 계속 사슬뜨기만 하고 있기 때문에 편물이 빙빙 꼬일 것이다. 뜨기를 마치면, 나선형으로 단단히 모아주어 바늘이 밑에 오도록 한다. 바늘을 빼서 중심의 바로 옆에서 위에서 아래로 나선을 관통시켜 고리를 잡아 빼어 당긴다. 다시 바늘을 빼서 중심의 반대 옆에서 아래에서 위로 나선을 관통시켜 고리를 다시 잡아 빼어 당긴다. 꽃을 줄기 꼭대기에 대고 빼뜨기를 해서 붙인다. 실을 매듭짓고. 남은 실은 보이지 않게 정리한다.

89	마가목잎
	완성작 보기 ▶ 37쪽

완성작 지름: 114mm
실: 금색 10.1m

잎사귀

사슬뜨기 11코를 뜬 후 바늘에서 열 번째 코에서 빼뜨기를 해서 고리를 만든다. 줄기를 지나쳐서(붙은 부분의 나머지 부분과 줄기 아래로 실을 보낸다). 고리에서 [짧은뜨기 5코, 긴뜨기 1코, 1길 긴뜨기 1코, 2길 긴뜨기 1코, 사슬뜨기 4코, 2길 긴뜨기 1코, 1길 긴뜨기 1코, 긴뜨기 1코, 짧은뜨기 5코]. 마지막 빼뜨기를 한 코(고리가 시작되는 코)에서 빼뜨기. 사슬뜨기 11코의 첫 번째 코에서 빼뜨기.

줄기

오른쪽: 사슬뜨기 10코. 위의 설명대로 잎사귀를 뜬다. [사슬뜨기 6코. '잎사귀 뜨기'] 3회 반복. 사슬뜨기 6코.
끝: '잎사귀 뜨기' 3회.
왼쪽: 줄기를 따라 [다음 사슬뜨기 6코의 각 코에서 빼뜨기. '잎사귀 뜨기'] 4회 반복한다(빼뜨기는 비어 있는 사슬코에서만 하고, 반대편 잎줄기가 시작되는 코에서는 하지 않는다). 다음 사슬뜨기 10코에서 빼뜨기. 실을 매듭짓고. 남은 실은 보이지 않게 정리한다.

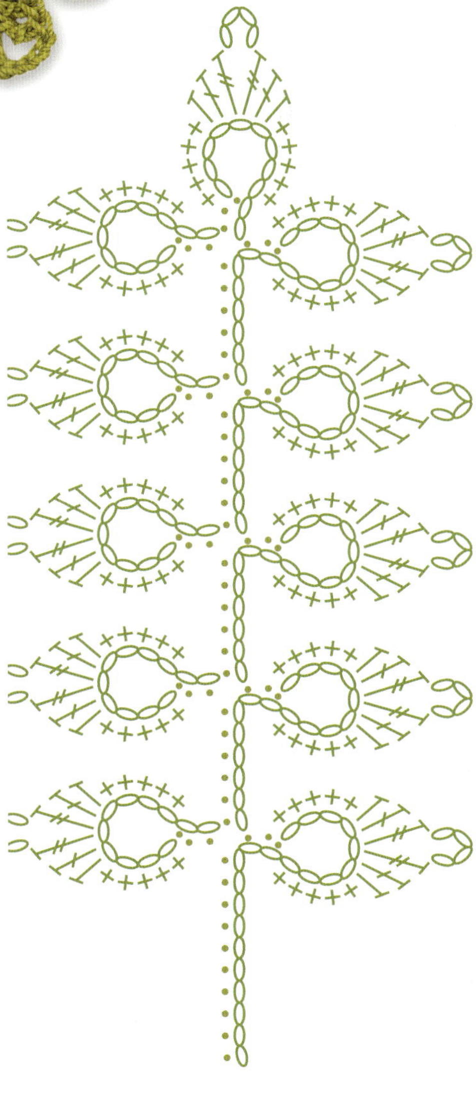

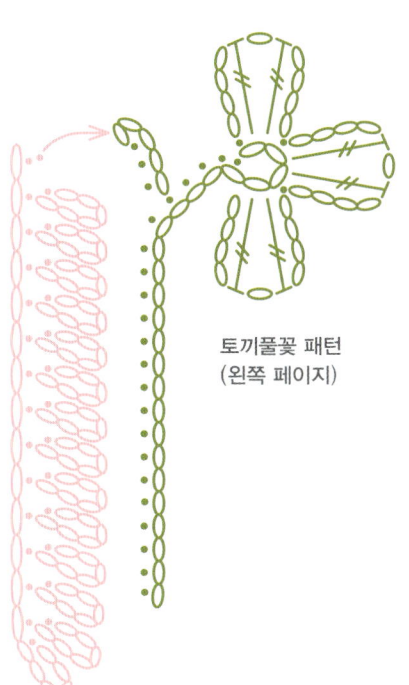

토끼풀꽃 패턴
(왼쪽 페이지)

90 노랑나비
완성작 보기 ▶ 27, 37쪽

완성작 지름: 64mm
실: 노란색 6.4m

바탕 고리: 사슬뜨기 6코 후 첫 번째 사슬코에서 빼뜨기.
1단: 사슬뜨기 1코(짧은뜨기의 기둥코). 고리에서 짧은뜨기 11코. 기둥코에서 빼뜨기.
2단: 사슬뜨기 1코(짧은뜨기의 기둥코). 짧은뜨기 1코에서 [dc 1코, ch 5코, dc 1코]. *짧은뜨기 1코에서 dc. 짧은뜨기 1코에서 [dc 1코, ch 8코, dc 1코].** *부터 **까지 1회 반복. 짧은뜨기 1코에서 dc. 짧은뜨기 1코에서 [dc 1코, ch 5코, dc 1코]. *부터 **까지 2회 반복. 기둥코에서 빼뜨기.
3단: 머리-dc에서 ss. ch 5코 고리에서 dc 7코. dc 1코에서 ss. ch 1코. 왼쪽 날개-dc 1코 건너뛰고, dc 1코에서 ss. ch 8코 고리에서 [dc 3코, htr 1코, tr 1코, ch 2코, tr1코, htr 1코, dc 3코]. dc 1코 건너뛰고, dc 1코에서 ss. 다음 dc 건너뛰고 ch 8코 고리에서 [dc 3코, tr 1코, tr 2코, htr 1코, dc 3코]. dc 1코에서 ss. ch 1코. dc 1코 건너뛰고 dc 1코에서 ss. 꼬리-ch 5코 고리에서 [dc 2코, ch 3코, dc 2코]. dc 1코에서 ss. 오른쪽 날개-ch 1코. dc 1코 건너뛰고, dc 1코에서 ss. dc 1코 건너뛰고, ch 8코 고리에서 [dc 3코, htr 1코, tr 2코, htr 1코, dc 3코]. dc 1코 건너뛰고, dc 1코에서 ss. dc 1코 건너뛰고, ch 8코 고리에서 [dc 3코, htr 1코, tr 1코, ch 2코, tr 1코, htr 1코, dc 3코]. dc 1코에서 ss. ch 1코. ss 1코 건너뛰고, 다음 ss에서 ss.
4단: 머리-dc 7코에서 ss. ss 건너뛰고, ch 1코 공간에서 ss. 왼쪽 날개-ch 2코. ss와 dc 2코 건너뛰고, dc에서 dc. htr에서 htr. tr에서 tr. ch 2코 부분에서 [tr 1코, dtr 1코, ch 2코, dtr 1코, tr 1코]. tr와 htr. dc 1코의 각 코에서 tr. ch 3코. dc 2코 건너뛰고, ss에서 ss. ch 4코. dc 3코 건너뛰고, htr에서 tr. tr 2코의 각 코에서 tr 2코씩. tr와 dc 1코의 각 코에서 tr. ch 4코. dc 2코와 ss 건너뛰고, ch 1코 공간에서 ss. 꼬리-ss 건너뛰고, dc 2코에서 ss. ch 3코에서 [ss, ch 2코, ss]. dc 2코에서 ss. ss 건너뛰고, ch 1코 공간에서 ss. 오른쪽 날개-ch 4코. ss와 dc 2코 건너뛰고, 다음 dc와 htr의 각 코에서 1길 긴뜨기. tr 2코의 각 코에서 tr 2코씩. htr에서 tr. dc 3코 건너뛰고, ss에서 ss. ch 3코. dc 2코 건너뛰고, dc 1코와 htr. tr의 각 코에서 tr. ch 2코 부분에서 [tr 1코, dtr 1코, ch 2코, dtr 1코, tr 1코]. tr에서 tr. htr에서 htr. dc에서 dc. ch 2코. dc 2코와 ss 건너뛰고, ch 1코 공간에서 ss.

91 문지기나비
완성작 보기 ▶ 37쪽

A / B

완성작 지름: 76mm
실: A-주황색 5.5m, B-검은색 1.8m

바탕 고리: 주황색 실(A)로 사슬뜨기 6코 후 첫 번째 사슬코에서 빼뜨기.
1단: 사슬뜨기 1코(짧은뜨기의 기둥코). 고리에서 짧은뜨기 11코. 기둥코에서 빼뜨기.
2단: 사슬뜨기 1코(짧은뜨기의 기둥코). 짧은뜨기 1코에서 [dc 1코, ch 5코, dc 1코].
* 짧은뜨기 1코에서 짧은뜨기. 짧은뜨기 1코에서 [dc 1코, ch 8코, dc 1코].** *부터 **까지 1회 반복. 짧은뜨기 1코에서 짧은뜨기. 짧은뜨기 1코에서 [dc 1코, ch 5코, dc 1코]. *부터 **까지 2회 반복. 기둥코에서 빼뜨기.
3단: 머리-dc 1코에서 ss. ch 5코 고리에서 dc 7코. dc 1코에서 ss. ch 1코. dc 1코 건너뛰고. dc 1코에서 ss. 왼쪽 날개-ch 8코 고리에서 [dc 3코, tr 2코, dtr 1코, ch 4코, tr 3코]. dc 1코 건너뛰고. 고리와 고리 사이의 dc 1코에서 tr. 다음 ch 8코 고리에서 dc 8코. dc 1코 건너뛰고. dc 1코에서 ss. 꼬리-dc 1코 건너뛰고. ch 5코 고리에서 dc 4코. dc 1코에서 ss. 오른쪽 날개-ch 8코 고리에서 dc 8코. dc 1코 건너뛰고. dc 1코에서 tr. ch 8코 고리에서 [tr 3코, ch 4코, dtr 1코, tr 2코, dc 3코]. dc 1코에서 ss. ch 1코. ss 1코 건너뛰고. 다음 ss에서 ss.
4단: 머리-dc 7코와 ch 1코 공간에서 ss. 왼쪽 날개-ch 4코. ss 1코와 dc 3코 건너뛰고 tr 2코와 dtr 1코에서 dc. ch 4코 부분에서 [tr 1코, dtr 2코, ch 4코, dc 2코]. tr 3코에서 dc. tr 1코 건너뛰고. dc 8코에서 dc. ss 1코와 dc 1코 건너뛴다. 꼬리-dc 2코에서 ss. dc 1코와 ss 1코 건너뛴다. 오른쪽 날개-dc 8코에서 dc. tr 1코 건너뛰고. tr 3코에서 dc. ch 4코 부분에서 [dc 2코, ch 4코, dtr 2코, tr 1코]. dtr와 tr 2코의 각 코에서 dc. ch 4코 3코와 ss 1코 건너뛰고. ch 1코 공간에서 ss. 주황색 실을 매듭짓는다.

날개 가장자리
왼쪽: 검은색 실(B)로 왼쪽 위 날개의 위쪽 끝에 있는 dtr 2코의 각 코에서 dc. ch 6코. ch 4코 공간 건너뛰고. dc 1코에서 dc. dc 4코에서 [ch 1코, dc 1코]. dc 2코에서 dc. dc 6코의 각 코에서 [ch 2코, dc 1코]. ss 2코 건너뛰고. dc 1코에서 dc. 실을 매듭짓고, 남은 실은 보이지 않게 정리한다.
오른쪽: dc 6코의 각 코에서 [ch 2코, dc 1코]. dc 2코에서 dc. dc 4코의 각 코에서 [ch 1코, dc 1코]. ch 6코. ch 4코 공간 건너뛰고. dtr 2코에서 dc. 실을 매듭짓고, 남은 실은 보이지 않게 정리한다.

92 딸기잎
완성작 보기 ▶ 27, 36쪽

완성작 지름: 64mm
실: 연두색 5.5m

줄기
사슬뜨기 12코. 아래 실린 설명대로 엽을 세 개 뜬다. 줄기를 따라 사슬뜨기 12코에서 빼뜨기. 실을 매듭짓고, 남은 실은 보이지 않게 정리한다.

엽
바탕 고리: 사슬뜨기 7코를 뜬 후 바늘에서 여섯 번째 코에서 빼뜨기로 연결해서 고리를 만든다.
1단: 사슬뜨기 1코. 줄기 아래로 실을 보내서. 고리에서 [1길 긴뜨기 1코, 2길 긴뜨기 4코, 사슬뜨기 3코, 2길 긴뜨기 4코, 1길 긴뜨기 1코, 사슬뜨기 1코, 빼뜨기].
2단: 사슬뜨기 1코 공간에서 짧은뜨기. 1길 긴뜨기와 2길 긴뜨기 4코의 각 코에서 [짧은뜨기 1코, 사슬뜨기 2코]. 사슬뜨기 3코 공간에서 [짧은뜨기 1코, 사슬뜨기 2코, 짧은뜨기 1코, 사슬뜨기 3코, 짧은뜨기 1코, 사슬뜨기 2코, 짧은뜨기 1코]. 2길 긴뜨기 4코와 1길 긴뜨기 1코의 각 코에서 [사슬뜨기 2코, 짧은뜨기 1코]. 사슬뜨기 1코 공간에서 짧은뜨기. 고리에서 빼뜨기. 바늘을 잎 아래로 가져가서 바탕 고리의 첫 번째 사슬코(처음 사슬뜨기 7코의 두 번째 코)와 사슬뜨기 7코의 첫 번째 사슬코에서 빼뜨기.

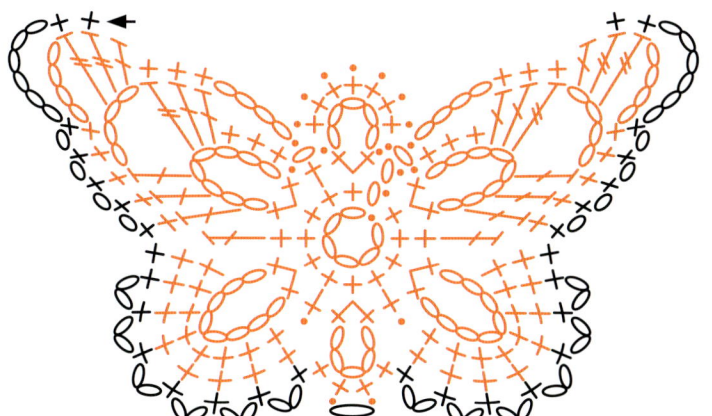

93 파랑나비

완성작 보기 ▶ 28쪽

A B

완성작 지름: 57mm
실: A-하늘색 5.5m, B-흰색 1.8m

바탕 고리: 하늘색 실(A)로 사슬뜨기 6코를 뜬 후 첫 번째 사슬코에서 빼뜨기.
1단: 사슬뜨기 1코(짧은뜨기의 기둥코). 고리에서 dc 11코. 기둥코에서 빼뜨기.
2단: 사슬뜨기 1코(짧은뜨기의 기둥코). 짧은뜨기 1코에서 [dc 1코, ch 5코, dc 1코]. *짧은뜨기 1코에서 짧은뜨기. 짧은뜨기 1코에서 [dc 1코, ch 8코, dc 1코].** *부터 **까지 1회 반복. 짧은뜨기 1코에서 짧은뜨기. 짧은뜨기 1코에서 [dc 1코, ch 5코, dc 1코]. *부터 **까지 2회 반복. 기둥코에서 빼뜨기.
3단: 머리-dc에서 ss. ch 5코 고리에서 dc 7코. dc 1코에서 ss. ch 1코. 왼쪽 날개-dc 1코 건너뛰고, dc 1코에서 ss. ch 8코 고리에서 [dc 3코, htr 1코, tr 1코, ch 2코, tr 1코, htr 1코, dc 3코]. dc 1코 건너뛰고, dc 1코에서 ss. 다음 dc 건너뛰고, ch 8코 고리에서 [dc 3코, htr 1코, tr 2코, htr 1코, dc 3코]. dc 1코에서 ss. ch 1코. dc 1코 건너뛰고, dc 1코에서 ss. 꼬리-ch 5코 고리에서 dc 4코. dc 1코에서 ss. 오른쪽 날개-ch 1코. dc 1코 건너뛰고, dc 1코에서 ss. ch 8코 고리에서 [dc 3코, htr 1코, tr 2코, htr 1코, dc 3코]. dc 1코 건너뛰고, dc 1코에서 ss. dc 1코 건너뛰고, ch 8코 고리에서 [dc 3코, htr 1코, tr 1코, ch 2코, tr 1코, htr 1코, dc 3코]. dc 1코에서 ss. ch 1코. ss 1코 건너뛰고. 다음 ss에서 ss.
4단: 머리-dc 7코에서 ss. ss 건너뛰고, ch 1코 공간에서 ss. 왼쪽 날개-ch 3코. dc 3코 건너뛰고, htr에서 dc, tr에서 htr. ch 2코 부분에서 [htr 1코, tr 1코, ch 3코, dc 1코]. tr와 htr, dc 2코의 각 코에서 dc. ch 2코. dc 1코 건너뛰고, ss에서 ss. ch 2코. dc 2코 건너뛰고, dc와 htr, tr 2코, htr 1코, dc 1코의 각 코에서 dc. dc 2코에서 htr. ch 1코. ss 1코와 ch 1코 공간, ss 1코 건너뛴다. 꼬리-dc 2코에서 ss. dc 1코와 ss 1코, ch 1코 공간, ss 1코 건너뛴다. 오른쪽 날개-dc 2코에서 htr. dc와 htr, tr 2코, tr, dc의 각 코에서 dc. ch 2코. dc 2코 건너뛰고, ss에서 ss. ch 2코. dc 1코 건너뛰고, dc 2코와 htr, tr의 각 코에서 dc. ch 2코 부분에서 [dc 1코, ch 3코, tr 1코, htr 1코]. tr에서 htr, htr에서 dc. ch 3코. dc 3코 건너뛰고, ch 1코 공간에서 ss. 하늘색 실을 매듭짓는다.
날개 가장자리: 왼쪽 날개-흰색 실(B)로 왼쪽 위 날개의 위쪽 끝에 있는 1길 긴뜨기에서 빼뜨기. 사슬뜨기 4코. 사슬뜨기 3코 공간 건너뛰고, 짧은뜨기 5코에서 짧은뜨기. 사슬뜨기 3코. 바늘을 다음 빼뜨기 위에서 3단의 빼뜨기로 넣어 빼뜨기. 사슬뜨기 3코. 짧은뜨기 6코와 긴뜨기 2코의 각 코에서 dc. 사슬뜨기 1코 공간에서 빼뜨기. 실을 매듭짓는다. 오른쪽 날개-다시 흰색 실로 다음 사슬뜨기 1코 공간(몸통과 오른쪽 아래 날개 사이)에서 빼뜨기. 긴뜨기 2코와 짧은뜨기 6코의 각 코에서 짧은뜨기. 사슬뜨기 3코. 바늘을 다음 빼뜨기 위에서 3단의 빼뜨기로 넣어 빼뜨기. 사슬뜨기 3코. 짧은뜨기 5코에서 짧은뜨기. 사슬뜨기 4코. 사슬뜨기 3코 공간 건너뛰고, 1길 긴뜨기 1코에서 빼뜨기. 실을 매듭짓고, 남은 실은 보이지 않게 정리한다.

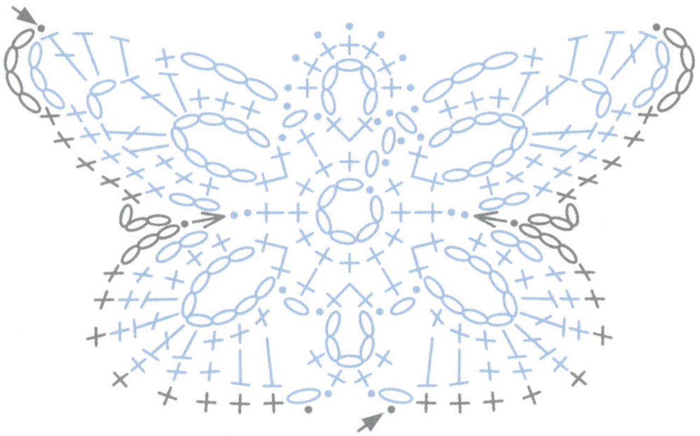

기호 ↬ = 바늘을 빼뜨기 위에서 아랫단의 빼뜨기로 넣어 빼뜨기

94 담쟁이
완성작 보기 ▶ 27, 43쪽

완성작 지름: 152mm
실: 진초록색 17.4m

덩굴
사슬뜨기 26코. *잎줄기-사슬뜨기 5코. 아래 설명과 같이 잎사귀를 만든다. 잎줄기의 다섯 번째 사슬코에서 빼뜨기. 줄기로 돌아가 다음 사슬뜨기 4코에서 빼뜨기.** 사슬뜨기 29코. 바늘에서 셋째 코부터 덩굴을 따라 사슬뜨기 15코에서 짧은뜨기. *부터 **까지 반복. 다음 사슬뜨기 26코에서 짧은뜨기(비어 있는 코에서만. 첫째 잎줄기가 시작되는 코에서는 하지 않는다). *부터 **까지 반복. 다음 사슬뜨기 12코에서 짧은뜨기. 실을 매듭짓고, 남은 실은 보이지 않게 정리한다.

잎사귀
바탕 고리: 사슬뜨기 6코. 첫째 사슬코에서 빼뜨기.
1단: 사슬뜨기 5코. 고리에서 2길 긴뜨기 6코. 사슬뜨기 3코. 고리에서 2길 긴뜨기 6코. 사슬뜨기 5코. 고리에서 빼뜨기.
2단: 사슬뜨기 5코 공간에서 짧은뜨기 5코. 2길 긴뜨기 1코에서 긴뜨기. 2길 긴뜨기 5코에서 긴뜨기. 사슬뜨기 3코 공간에서 [tr 2코, dtr 1코, 사슬뜨기 2코, dtr 1코, tr 2코]. 2길 긴뜨기 5코에서 긴뜨기. 2길 긴뜨기 1코에서 긴뜨기. 사슬뜨기 5코 공간에서 짧은뜨기 5코. 빼뜨기에서 빼뜨기.
3단: dc 4코에서 dc. dc 1코에서 [dc 1코, htr 1코]. htr에서 tr 2코. tr 2코에서 tr. tr 1코에서 [tr 3코, ch 2코, dtr 3코]. tr 1코에서 tr. tr 1코에서 htr. tr 2코와 dtr의 각 코에서 tr. ch 2코 공간에서 [dtr 3코, ch 4코, dtr 3코]. dtr와 tr 2코의 각 코에서 tr. tr 1코에서 htr. tr 1코에서 tr. tr 1코에서 [dtr 3코, ch 2코, dtr 3코]. tr 2코에서 tr. htr에서 tr 2코. dc 1코에서 [htr 1코, dc 1코]. dc 4코에서 dc. ss에서 ss. 실을 매듭짓고, 남은 실은 보이지 않게 정리한다.

95 양치류
완성작 보기 ▶ 26쪽

완성작 지름: 114mm
실: 연두색 9.1m

줄기: 사슬뜨기 15코.
첫째 가지: 사슬뜨기 2코. 사슬뜨기 8코를 뜬 후, 바늘에서 일곱째 코에서 빼뜨기. 사슬뜨기 7코를 뜬 후 바늘에서 여섯째 코에서 빼뜨기. 사슬뜨기 6코를 뜬 후 바늘에서 다섯째 코에서 빼뜨기. 사슬뜨기 5코를 뜬 후 바늘에서 넷째 코에서 빼뜨기. [사슬뜨기 4코를 뜬 후 바늘에서 넷째 코에서 빼뜨기] 2회 반복. 마지막 사슬뜨기 5코의 첫째 코에서 빼뜨기. 사슬뜨기 5코를 뜬 후 바늘에서 다섯째 코에서 빼뜨기. 마지막 사슬뜨기 6코의 첫째 코에서 빼뜨기. 사슬뜨기 6코를 뜬 후 바늘에서 여섯째 코에서 빼뜨기. 마지막 사슬뜨기 7코의 첫째 코에서 빼뜨기. 사슬뜨기 7코를 뜬 후 바늘에서 일곱째 코에서 빼뜨기. 마지막 사슬뜨기 8코의 첫째 코에서 빼뜨기. 다음 사슬뜨기 2코의 각 코에서 빼뜨기.
둘째, 셋째 가지: [사슬뜨기 4코를 뜬 후 첫째 가지 반복] 2회. 사슬뜨기 4코.
넷째 가지: 사슬뜨기 2코. 사슬뜨기 7코를 뜬 후 바늘에서 여섯째 코에서 빼뜨기. 사슬뜨기 6코를 뜬 후 바늘에서 다섯째 코에서 빼뜨기. 사슬뜨기 5코를 뜬 후 바늘에서 넷째 코에서 빼뜨기. [사슬뜨기 4코를 뜬 후 바늘에서 넷째 코에서 빼뜨기] 2회 반복. 마지막 사슬뜨기 5코의 첫째 코에서 빼뜨기. 사슬뜨기 5코를 뜬 후 바늘에서 다섯째 코에서 빼뜨기. 마지막 사슬뜨기 6코의 첫째 코에서 빼뜨기. 사슬뜨기 6코를 뜬 후 바늘에서 여섯째 코에서 빼뜨기. 마지막 사슬뜨기 7코의 첫째 코에서 빼뜨기. 다음 사슬뜨기 2코의 각 코에서 빼뜨기.
가지 끝: 사슬뜨기 4코. *사슬뜨기 2코. 사슬뜨기 6코를 뜬 후 바늘에서 다섯째 코에서 빼뜨기. 사슬뜨기 5코를 뜬 후 바늘에서 넷째 코에서 빼뜨기. [사슬뜨기 4코 후 바늘에서 넷째 코에서 빼뜨기] 2회 반복. 마지막 사슬뜨기 5코의 첫째 코에서 빼뜨기. 사슬뜨기 5코를 뜬 후 바늘에서 다섯째 코에서 빼뜨기. 마지막 사슬뜨기 6코의 첫째 코에서 빼뜨기. 다음 사슬뜨기 2코의 각 코에서 빼뜨기. *부터 3회 반복.
반대편: 잎사귀 왼편을 따라 계속 떠나간다. 다음 사슬뜨기 4코에서 빼뜨기(비어 있는 코에서만 뜨고, 반대편 가지가 시작되는 코에서는 뜨지 않는다). 넷째 가지를 반복한다. [다음 사슬뜨기 4코의 각 코에서 짧은뜨기를 한 후, 첫째 가지를 반복] 3회. 다음 사슬뜨기 15코에서 짧은뜨기. 실을 매듭짓고. 남은 실은 보이지 않게 정리한다.

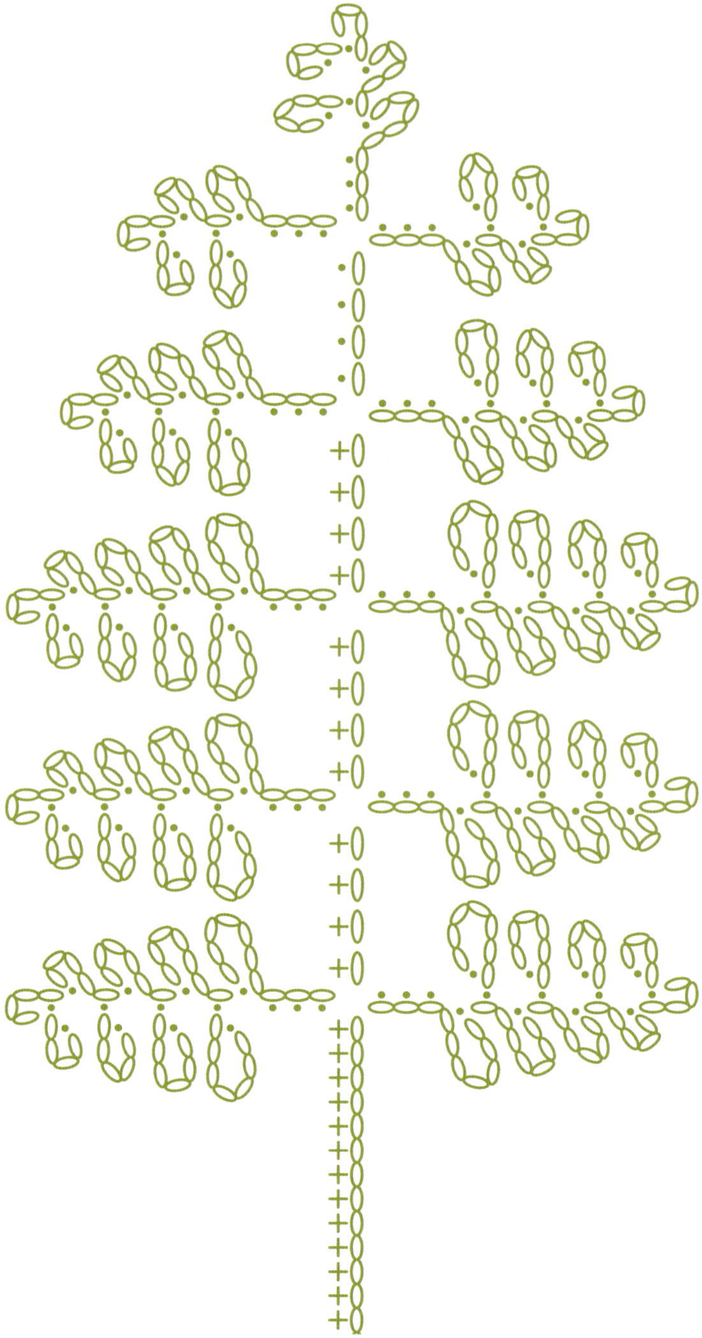

96 은단풍잎

완성작 보기 ▶ 27쪽

완성작 지름: 79mm
실: 노란색 8.2m

바탕 고리: 사슬뜨기 6코를 뜬 후 첫 번째 사슬코에서 빼뜨기를 한다.
1단: 사슬뜨기 4코. *고리에서 2길 긴뜨기, 사슬뜨기 1코. 고리에서 1길 긴뜨기, 사슬뜨기 1코. *부터 3회 반복한다. 고리에서 2길 긴뜨기. 사슬뜨기 4코. 고리에서 빼뜨기를 한다.
2단: 사슬뜨기 7코. *2길 긴뜨기 1코에서 2길 긴뜨기, 사슬뜨기 3코. 1길 긴뜨기에서 짧은뜨기, 사슬뜨기 3코. *부터 3회 반복. 2길 긴뜨기 1코에서 2길 긴뜨기. 사슬뜨기 7코. 빼뜨기에서 빼뜨기.
3단: 사슬뜨기 7코 공간에서 짧은뜨기 5코. 2길 긴뜨기에서 [긴뜨기 1코, 1길 긴뜨기 1코, 2길 긴뜨기 1코, 사슬뜨기 2코, 1길 긴뜨기 1코]. 사슬뜨기 3코 공간에서 [긴뜨기 1코, 짧은뜨기 2코]. *다음 사슬뜨기 3코 공간에서 [짧은뜨기 2코, 긴뜨기 1코]. 2길 긴뜨기에서 [1길 긴뜨기 1코, 2길 긴뜨기 1코, 사슬뜨기 2코, 1길 긴뜨기 1코, 사슬뜨기 5코, 2길 긴뜨기 1코, 사슬뜨기 2코, 1길 긴뜨기 1코]. 사슬뜨기 3코 공간에서 [긴뜨기 1코, 짧은뜨기 2코]. *부터 2회 반복. 다음 사슬뜨기 3코 공간에서 [짧은뜨기 2코, 긴뜨기 1코]. 2길 긴뜨기에서 [1길 긴뜨기 1코, 사슬뜨기 2코, 2길 긴뜨기 1코, 1길 긴뜨기 1코]. 사슬뜨기 7코 공간에서 짧은뜨기 5코. 빼뜨기에서 빼뜨기.
4단: 다음 8코에서 빼뜨기. 사슬뜨기 2코 공간에서 [짧은뜨기 1코, 사슬뜨기 3코, 짧은뜨기 1코]. 다음 9코에서 빼뜨기. *사슬뜨기 2코 공간에서 [짧은뜨기 2코, 사슬뜨기 3코, 짧은뜨기 1코, 1길 긴뜨기 1코]. 다음 사슬뜨기 5코 공간에서 [1길 긴뜨기 1코, 2길 긴뜨기 1코, 사슬뜨기 5코를 뜬 후 바늘에서 다섯 번째 코에서 빼뜨기, 2길 긴뜨기 1코, 1길 긴뜨기 1코]. 다음 사슬뜨기 2코 공간에서 [1길 긴뜨기 1코, 짧은뜨기 1코, 사슬뜨기 3코, 짧은뜨기 2코].** 다음 10코에서 빼뜨기. *부터 1회 반복한 후, *부터 **까지 1회 더 반복한다. 다음 9코에서 빼뜨기. 사슬뜨기 2코 공간에서 [짧은뜨기 1코, 사슬뜨기 3코, 짧은뜨기 1코]. 다음 9코에서 빼뜨기.
줄기: 사슬뜨기 11코. 2코 건너뛰고 줄기를 따라 9코에서 빼뜨기. 4단의 첫 번째 빼뜨기에서 빼뜨기. 실을 매듭짓고, 남은 실은 보이지 않게 정리한다.

97 참나무잎

완성작 보기 ▶ 37쪽

완성작 지름: 127mm
실: 금색 10.1m

바탕 고리가 아니라 바탕 사슬코에서 시작해서, 사슬코를 따라 돌아가면서 단을 뜬다.

바탕 사슬코: 사슬뜨기 33코.

1단: 사슬뜨기 3코를 건너뛰고 나머지 29코에서 짧은뜨기. 마지막 사슬뜨기 1코에서 [dc 1코, ch 3코, dc 1코]. 사슬코 반대편으로 돌아 사슬뜨기 29코에서 짧은뜨기. 사슬뜨기 3코에서 빼뜨기.

2단: 사슬뜨기 1코(짧은뜨기의 기둥코). 사슬뜨기 3코 후 동일한 사슬뜨기 3코 부분에서 짧은뜨기. 짧은뜨기 2코에서 짧은뜨기. *짧은뜨기 1코 건너뛰고, 짧은뜨기 1코에서 [tr 1코, ch 2코, tr 1코].** 짧은뜨기 1코 건너뛰고, 짧은뜨기 1코에서 짧은뜨기. 짧은뜨기 1코 건너뛰고, 짧은뜨기 1코에서 [tr 1코, dtr 1코, ch 2코, dtr 1코, tr 1코]. **부터 4회 반복. 짧은뜨기 1코 건너뛰고, 짧은뜨기 1코에서 짧은뜨기. 짧은뜨기 1코 건너뛰고, 짧은뜨기 1코에서 [tr 1코, ch 2코, tr 1코]. 짧은뜨기 1코 건너뛰고, 짧은뜨기 1코에서 짧은뜨기.*** 사슬뜨기 3코 공간에서 [dc 1코, ch 3코, dc 1코]. 짧은뜨기 1코에서 짧은뜨기. *부터 ***까지 반복. 짧은뜨기 1코에서 짧은뜨기. 기둥코에서 빼뜨기.

3단: 사슬뜨기 3코 부분에서 빼뜨기. 사슬뜨기 1코(짧은뜨기의 기둥코). 사슬뜨기 3코를 뜬 후 동일한 사슬뜨기 3코 부분에서 짧은뜨기. 짧은뜨기 3코와 1길 긴뜨기의 각 코에서 짧은뜨기. 다음 사슬뜨기 2코 부분 2곳(그 사이의 코는 모두 건너뛴다)에서 각각 [dc 2코, ch 1코, dc 2코]. *사슬뜨기 2코 부분 1곳에서 [dc 2코, ch 1코, tr 1코, htr 1코]. 다음 사슬뜨기 2코 부분 3곳의 각 부분에서 [tr 1코, dtr 1코, ch 2코, dtr 1코, tr 1코]. 사슬뜨기 2코 부분 1곳에서 [htr1코, tr 1코, ch 1코, dc 2코].** 1길 긴뜨기 1코와 짧은뜨기 2코의 각 코에서 짧은뜨기. 사슬뜨기 3코 부분에서 [dc 1코, ch 2코, dc 1코]. 짧은뜨기 2코와 1길 긴뜨기의 각 코에서 짧은뜨기. *부터 **까지 반복. 다음 사슬뜨기 2코 부분 2곳의 각 부분에서 [dc 2코, ch 1코, dc 2코]. 1길 긴뜨기와 짧은뜨기 2코, 빼뜨기에서 짧은뜨기. 기둥코에서 빼뜨기.

줄기: 사슬뜨기 3코 부분에서 빼뜨기. 사슬뜨기 13코. 2코 건너뛰고 줄기를 따라 사슬뜨기 11코에 빼뜨기. 사슬뜨기 3코 부분과 짧은뜨기 1코에 빼뜨기. 실을 매듭짓고, 남은 실7은 보이지 않게 정리한다.

98 단풍잎
완성작 보기 ▶ 38쪽

완성작 지름: 76mm
실: 포도주색 8.2m

바탕 고리: 사슬뜨기 6코를 뜬 후 첫 번째 사슬코에서 빼뜨기를 한다.
1단: 사슬뜨기 4코. *고리에서 2길 긴뜨기, 사슬뜨기 1코. 고리에서 1길 긴뜨기, 사슬뜨기 1코. *부터 3회 반복. 고리에서 2길 긴뜨기. 사슬뜨기 4코. 고리에서 빼뜨기.
2단: 사슬뜨기 7코. *2길 긴뜨기 1코에서 2길 긴뜨기, 사슬뜨기 3코. 1길 긴뜨기 1코에서 짧은뜨기, 사슬뜨기 3코. *부터 3회 반복. 2길 긴뜨기 1코에서 2길 긴뜨기. 사슬뜨기 7코. 빼뜨기에서 빼뜨기.
3단: 사슬뜨기 7코 공간에서 짧은뜨기 5코. 2길 긴뜨기에서 [htr 1코, tr 1코, ch 3코, tr 1코, htr 1코]. 사슬뜨기 3코 공간에서 짧은뜨기 3코. *다음 사슬뜨기 3코 공간에서 [dc 2코, htr 1코]. 2길 긴뜨기에서 [tr 1코, dtr 1코, ch 3코, dtr 1코, tr 1코]. 사슬뜨기 3코 공간에서 [htr 1코, dc 2코]. *부터 2회 반복. 다음 사슬뜨기 3코 공간에서 짧은뜨기 3코. 2길 긴뜨기에서 [htr 1코, tr 1코, ch 3코, tr 1코, htr 1코]. 사슬뜨기 7코 공간에서 짧은뜨기 5코. 빼뜨기에서 빼뜨기.
4단: 짧은뜨기 3코에서 빼뜨기. 짧은뜨기 1코에서 [dc 1코, ch 1코, tr 1코]. 사슬뜨기 3코 후 바늘에서 셋째 코에서 빼뜨기. 다음 짧은뜨기와 긴뜨기의 각 코에서 짧은뜨기. 1길 긴뜨기에서 긴뜨기. 사슬뜨기 3코 공간에서 [tr 1코, dtr 1코, ch 4코 뜬 후 바늘에서 넷째 코에 ss, dtr 1코, tr 1코]. 1길 긴뜨기에서 긴뜨기. 긴뜨기에서 짧은뜨기. 사슬뜨기 3코. 짧은뜨기 2코 건너뛰고. 짧은뜨기 1코에서 빼뜨기. *사슬뜨기 3코. 짧은뜨기 2코와 긴뜨기 건너뛰고, 1길 긴뜨기에서 긴뜨기. 2길 긴뜨기에서 1길 긴뜨기. 사슬뜨기 3코 부분에서 [tr 1코, dtr 1코, trtr 1코, ch 4코 뜬 후 바늘에서 넷째 코에 ss, trtr 1코, dtr 1코, tr 1코]. 2길 긴뜨기에서 1길 긴뜨기. 1길 긴뜨기에서 긴뜨기. 사슬뜨기 3코. 긴뜨기와 짧은뜨기 1코 건너뛰고, 짧은뜨기 1코에서 빼뜨기. *부터 2회 반복. 사슬뜨기 3코. 사슬뜨기 3코 건너뛰고, 긴뜨기에서 짧은뜨기, 1길 긴뜨기에서 긴뜨기. 사슬뜨기 3코 공간에서 [tr 1코, dtr 1코, ch 4코 뜬 후 바늘에서 넷째 코에 ss, dtr 1코, tr 1코]. 1길 긴뜨기에서 긴뜨기. 긴뜨기와 짧은뜨기 1코의 각 코에서 짧은뜨기. 사슬뜨기 3코 뜬 후 바늘에서 셋째 코에 빼뜨기. 짧은뜨기 1코에서 [tr 1코, ch 1코, dc 1코]. 짧은뜨기 3코와 빼뜨기의 각 코에서 빼뜨기.
줄기: 사슬뜨기 11코. 2코 건너뛰고 줄기를 따라 9코에서 빼뜨기. 4단의 첫째 빼뜨기에서 빼뜨기. 실을 매듭짓고, 남은 실은 보이지 않게 정리한다.

99 호랑가시나무
완성작 보기 ▶ 39쪽

완성작 지름: 67mm
실: A-다홍색 2.7m, B-진초록색 4.6m

열매
바탕 고리: 다홍색 실(A)로 사슬뜨기 4코를 뜬 후 첫 번째 사슬코에서 빼뜨기.
1단: 사슬뜨기 1코(짧은뜨기의 기둥코). 고리에서 짧은뜨기 7코. 기둥코에서 빼뜨기.
2단: 사슬뜨기 3코(1길 긴뜨기의 기둥코). 짧은뜨기 3코의 각 코에서 1길 긴뜨기 2코 구슬뜨기. 짧은뜨기 1코에서 1길 긴뜨기. 짧은뜨기 3코의 각 코에서 1길 긴뜨기 2코 구슬뜨기. 기둥코의 세 번째 코에서 빼뜨기.
3단: 사슬뜨기 1코(짧은뜨기의 기둥코). *1길 긴뜨기 1코 건너뛰고. 1길 긴뜨기 1코에서 짧은뜨기. *부터 2회 반복. 기둥코에서 빼뜨기. 실을 매듭짓지 않고. 약 127mm 남기고 잘라 바늘을 뺀다(고리는 링을 끼워두거나, 풀어지지 않도록 크게 만들어놓는다).

잎사귀
바탕 고리: 진초록색 실(B)로 사슬뜨기 5코를 뜬 후 첫 번째 사슬코에서 빼뜨기.
1단: 사슬뜨기 3코(1길 긴뜨기의 기둥코). 고리에서 1길 긴뜨기 10코를 뜨고 기둥코의 세 번째 코에서 빼뜨기.
2단: 사슬뜨기 5코(2길 긴뜨기의 기둥코). *1길 긴뜨기 1코에서 [2길 긴뜨기 2코, 1길 긴뜨기 1코]. 1길 긴뜨기 3코의 각 코에서 1길 긴뜨기 2코씩. 1길 긴뜨기 1코에서 [1길 긴뜨기 1코, 2길 긴뜨기 2코].** 사슬뜨기 1코. *부터 **까지 1회 반복한다. 기둥코의 다섯 번째 코에서 빼뜨기.
3단: 사슬뜨기 1코(짧은뜨기의 기둥코). 2길 긴뜨기 2코에서 짧은뜨기. *1길 긴뜨기 1코에서 긴뜨기. 사슬뜨기 3코를 뜬 후 바늘에서 세 번째 코에서 빼뜨기. 다음 1길 긴뜨기에서 긴뜨기.** 1길 긴뜨기 1코에서 짧은뜨기. *부터 1회 반복. *부터 **까지 1회 더 반복.*** 2길 긴뜨기 1코에서 1길 긴뜨기 2코. 사슬뜨기 3코 뜬 후 바늘에서 셋째 코에 빼뜨기. 다음 2길 긴뜨기에서 2길 긴뜨기. 사슬뜨기 1코 공간에서 3길 긴뜨기. 사슬뜨기 5코를 뜬 후 방금 뜬 3길 긴뜨기의 맨 위에서 빼뜨기. 2길 긴뜨기 1코에서 2길 긴뜨기 2코. 사슬뜨기 3코 뜬 후 바늘에서 셋째 코에 빼뜨기. 다음 2길 긴뜨기에서 1길 긴뜨기 2코. *부터 ***까지 반복. 2길 긴뜨기 2코에서 짧은뜨기. 기둥코에서 빼뜨기.

이어 붙이기
바늘을 열매 두 개 밑에 있는 고리에 넣어 한꺼번에 빼낸다. 진초록색 실을 매듭짓는다. 열매에 남겨둔 실을 서로 묶어 다홍색 실을 매듭짓는다. 끝이 보이지 않게 정리한다.

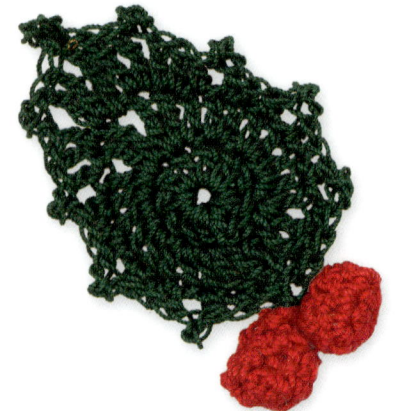

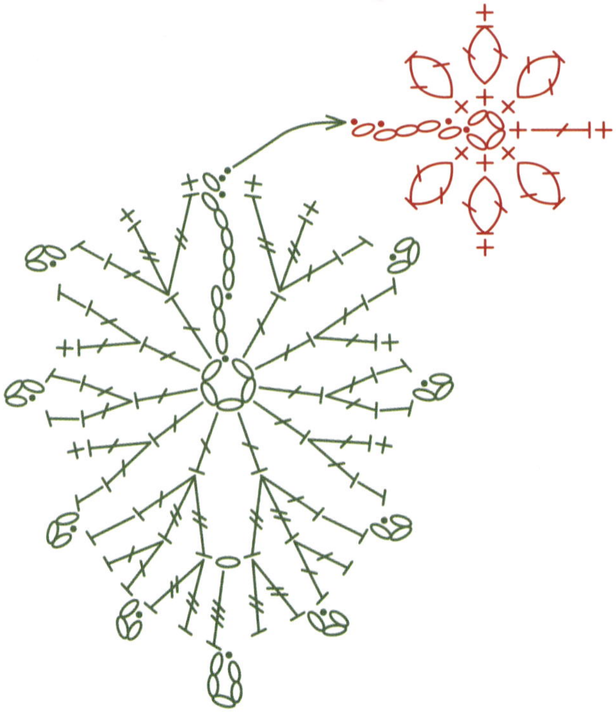

100 사탕단풍잎
완성작 보기 ▶ 39쪽

완성작 지름: 124mm
실: 주황색 14.6m

바탕 고리: 사슬뜨기 6코를 뜬 후 첫 번째 사슬코에서 빼뜨기.
1단: 사슬뜨기 5코. 고리에서 2길 긴뜨기 6코. 사슬뜨기 3코. 고리에서 2길 긴뜨기 6코. 사슬뜨기 5코. 고리에서 빼뜨기.
2단: ch 5코 공간에서 dc 5코. dtr 1코에서 htr. dtr 5코에서 tr. ch 3코 공간에서 [tr 2코, dtr 1코, ch 2코, dtr 1코, tr 2코]. dtr 5코에서 tr. dtr 1코에서 htr. ch 5코 공간에서 dc 5코. ss에서 ss.
3단: dc 4코에서 dc. dc 1코에서 [dc 1코, htr 1코]. htr에서 tr 2코. tr 2코에서 tr. tr 1코에서 [dtr 3코, ch 2코, dtr 3코]. tr에서 tr. tr 1코에서 htr. tr 1코에서 dc. tr 1코에서 htr. dtr에서 tr. ch 2코 공간에서 [dtr 3코, ch 2코, dtr 3코]. dtr에서 tr. tr 1코에서 htr. tr 1코에서 dc. tr 1코에서 htr. tr. tr 2코에서 tr. htr에서 tr. htr에서 tr 2코. dc 1코에서 [htr 1코, dc 1코]. dc 4코에서 dc. ss에서 ss.
4단: dc 5코에서 dc. htr에서 [htr 1코, tr 1코]. tr 4코와 dtr 3코의 각 코에서 tr. ch 2코 부분에서 [tr 1코, ch 2코, tr 1코]. dtr 3코에서 tr. tr에서 htr. htr에서 ss. dc 건너뛰고. htr에서 dc. tr에서 htr. dtr 2코에서 tr. dtr 1코에서 tr 2코. ch 2코 부분에서 [tr 1코, ch 2코, tr 1코]. dtr 1코에서 tr. dtr 2코에서 tr. tr에서 htr. htr에서 dc. dc 1코 건너뛰고. htr에서 ss. tr에서 htr. dtr 3코에 tr. ch 2코 부분에서 [tr 1코, ch 2코, tr 1코]. dtr 3코와 4코의 각 코에서 tr. htr에서 [tr 1코, htr 1코]. dc 5코에서 dc.ss에서 ss.
5단: dc 5코와 htr의 각 코에서 dc. ch 3코. tr 3코에서 dc. tr 1코에서 htr. tr 1코에서 tr. ch 3코. tr 4코에서 tr. ch 2코 부분에서 [dtr 2코, ch 3코, dtr 2코]. tr 4코에서 tr. ch 3코. htr 에서 dc. ss에서 ss. dc 건너뛰고. htr에서 dc. tr에서 htr. tr 2코에서 tr 3코. tr 2코의 각 코에 dtr 2코씩. ch 2코 부분에서 [trtr 2코, ch 3코, trtr 2코]. tr 2코의 각 코에서 dtr 2코씩. ch 3코. tr 2코에서 tr. tr 1코에서 htr. htr에서 dc. dc 건너뛰고. ss에서 ss. htr에서 dc. ch 3코. tr 4코에서 tr. ch 2코 부분에서 [dtr 2코, ch 3코, dtr 2코]. tr 4코에서 tr. ch 3코. tr 1코에서 tr. tr 1코에서 htr. tr 3코에서 dc. ch 3코. htr와 dc 5코의 각 코에서 dc. ss에서 ss.
6단: dc 6코에서 dc. ch 3코 공간에서 [dc 2코, ch 3코, dc 2코]. dc 3코와 htr, tr의 각 코에서 dc. ch 3코 공간에서 dc 3코. tr 4코와 dtr 2코의 각 코에서 dc. ch 3코 공간에서 [dc 2코, ch 3코, dc 2코]. dtr 2코와 tr 4코의 각 코에서 dc. chc 3코 공간에서 [dc 1코, ch 3코, dc 1코]. ch 1코. dc와 ss 건너뛰고. dc에서 ss. ch 2코. htr와 tr 1코 건너뛰고. 다음 tr 에서 dc. ch 3코 공간에서 [dc 2코, ch 3코, dc 2코]. dtr 4코에서 dc. trtr 2코에서 htr. ch 3코 부분에서 [tr 1코, dtr 1코, ch 5코를 뜬 후 바늘에서 다섯 번째 코에 ss, dtr 1코, tr 1코]. trtr 2코에서 htr. dtr 4코에서 dc. ch 3코 공간에서 [dc 2코, ch 3코, dc 2코]. tr 1코에서 dc. ch 2코. tr와 htr 건너뛰고. dc에서 ss. ch 1코. ss와 dc 건너뛰고. ch 3코 공간에서 [dc 1코, ch 3코, dc]. tr 4코와 dtr 2코의 각 코에서 dc. ch 3코 공간에서 [dc 2코, ch 3코, dc 2코]. dtr 2코와 tr 4코의 각 코에서 dc. ch 3코 공간에서 dc 3코. tr와 htr, dc 3코의 각 코에서 dc. ch 3코 공간에서 [dc 2코, ch 3코, dc 2코]. dc 6코에서 dc. ss에서 ss.
줄기: 사슬뜨기 16코. 2코 건너뛰고 줄기를 따라 14코에서 빼뜨기. 6단의 첫 번째 짧은뜨기에서 빼뜨기. 실을 매듭짓고, 남은 실은 보이지 않게 정리한다.

4장 응용하기

이 책에 실린 꽃들은 거의 모든 곳에 장식할 수 있습니다. 여기에서는 옷, 액세서리, 선물, 실내 장식 등에 응용할 수 있는 다양한 방법을 제안합니다.

작품 01 | **가을 분위기의 식탁**

손님맞이를 위한 테이블매트와 냅킨링에 꽃송이와 잎사귀를 붙여서 식탁 분위기를 우아하게 만들었어요. 루드베키아, 참나무잎, 메리골드, 마가목잎, 금영화, 봉선화, 가자니아, 자작나무잎이 가을 정취를 풍깁니다.

작품 02 | **화사한 코르사주**

카디건에 앙증맞은 꽃송이를 골라 붙여서 독특한 코르사주를 만들어보았어요. 어떤 옷에든 잘 어울리는 예쁜 액세서리입니다. 양치류, 백묘국, 난초, 토끼풀꽃, 설악초를 골랐어요.

크리스마스 장식 119

작품 03 | **크리스마스 장식**

크리스마스 시즌을 알려주는
빨간색과 초록색 꽃송이와 잎사귀로
집 안을 꾸며보아요. 포인세티아,
호랑가시나무, 담쟁이, 유홍초,
매발톱꽃, 화살나무 가지로 거울을
화려하게 장식했어요.

작품 04 | 꽃나무 실내조명

나뭇가지에 예쁜 꼬마전구를
달아서 작은 재스민 꽃들을 엮은
다음, 방 안의 어두운 구석을
밝혀보았어요.

작품 05 | **꽃줄**

밋밋한 벽에 화려한 꽃들을 실에 매달아 만든 꽃줄을 걸었더니 눈에 확 들어오네요. 콜레우스, 제피란테스, 히비스커스, 패랭이꽃, 피튜니아, 봉선화, 코스모스, 나리꽃, 아프리카데이지 등을 걸었어요.

작품 06 | **봄날의 티타임**

찻주전자를 식지 않게 해주는 티코지(tea cozy)에 봄을 알려주는 꽃들을 붙여 아늑하면서도 생기 있는 분위기를 연출했어요. 나팔수선화, 앵초, 아마꽃, 초롱꽃, 양치류, 노랑나비를 붙였어요.

작품 07 | 아기 덧신

아기 덧신에 작은 꽃송이를 붙여서 우리 아기만의 특별한 덧신을 만들었답니다. 왼쪽 신발에는 치커리와 데이지를, 오른쪽 신발에는 과꽃을 달았어요.

작품 08 | 꽃밭 쿠션

평범한 쿠션 커버에 예쁜 꽃송이를
달았더니 소파가 확 살아나네요.
클레마티스, 에키네시아, 나리꽃을
사용했어요.

찾아보기

ㄱ
- 가자니아 38, 73
- 구슬뜨기 13
- 겹꿩의다리 31, 49
- 고리에서 뜨기 17
- 과꽃 33, 64
- 관목장미 26, 37, 99
- 괭이밥 25, 62
- 금영화 34, 65
- 금잔화 34, 80
- 긴뜨기 16
- 꽃사과 39, 53

ㄴ
- 나리꽃 35, 66
- 나팔수선화 27, 88
- 난초 32, 92
- 넣어뜨기 13
- 네잎 토끼풀 31, 54
- 노랑나비 27, 37, 104
- 노루귀 29, 61

ㄷ
- 단풍잎 38, 111
- 달리아 38, 99
- 담쟁이 27, 42, 107
- 데이지 26, 89
- 딸기꽃 25, 27, 56
- 딸기잎 27, 36, 105

ㄹ
- 로벨리아 28, 59
- 루드베키아 36, 82

ㅁ
- 마가목잎 37, 103
- 마지막 단 완성하기 18
- 매듭짓기 14
- 매발톱꽃 42, 77
- 메리골드 36, 90
- 메이애플 24, 50
- 모아뜨기 13
- 문지기나비 37, 105
- 미니 해바라기 34, 68

ㅂ
- 바탕 고리 17
- 바탕 사슬코 15
- 백묘국 28, 75
- 백일초 26, 36, 91
- 버들잎 26, 35, 83
- 베들레헴의 별 25, 48
- 베르가모트 42, 81
- 보라할미꽃 30, 70
- 복숭아꽃 31, 58
- 봉선화 40, 54
- 분홍바늘꽃 30, 67
- 붓꽃 29, 96
- 빼뜨기 15

ㅅ
- 사탕단풍잎 39, 113
- 산딸나무꽃 28, 63
- 산사나무잎 27, 36, 60
- 살피글로시스 41, 70
- 설악초 29, 87
- 수국 29, 61
- 수레국화 28, 65

ㅇ
- 아마꽃 25, 27, 53
- 아프리카데이지 31, 67
- 알리숨 30, 56
- 양치류 26, 108
- 애벌레 31, 35, 95
- 앵초 24, 57
- 연꽃 33, 86
- 연령초 41, 63
- 연잎 33, 85
- 에키네시아 42, 78-79
- 오렌지꽃 28, 71
- 워터아이리스 33, 97
- 원형뜨기 17
- 유홍초 42, 93
- 은단풍잎 27, 109
- 이소토마 25, 51
- 익시아 30, 52
- 잎사귀 19, 24
- 일반적인 잎사귀 패턴 20-21

ㅈ
- 자목련 33, 102
- 자작나무잎 35, 83
- 잠자리 29, 77
- 재스민 26, 59
- 제비꽃 30, 52
- 제피란테스 40, 46
- 주홍조밥나물 34, 51
- 줄기 19
- 짧은뜨기 15

ㅊ
- 참나무잎 37, 110
- 초롱꽃 27, 101
- 층층나무꽃 30, 71
- 치커리 25, 47

ㅋ

카모마일 25, 55
칼리브라코아 39, 57
커피꽃 24, 46
코바늘뜨기용 바늘과 실 12
코바늘뜨기의 기초 14-18
    실 색깔 바꾸기 18
    짧은뜨기 15
    2길 긴뜨기 16-17
    마지막 단 완성하기 18
    바탕 고리 17
    바탕 사슬코 15
    고리에서 뜨기 17
    긴뜨기 16
    코바늘과 실 잡기 14
    매듭짓기 14
    빼뜨기 15
    1길 긴뜨기 16
    3길 긴뜨기 17
    원형뜨기 17
    코의 앞 가닥과 뒤 가닥에서 뜨기 18
코스모스 34, 50
콜레우스 42, 84
크로커스 30, 58
크리스마스로즈 41, 69
큰금계국 35, 68
클레마티스 32, 74

ㅌ

토끼풀꽃 31, 102
튤립 42, 94
티트리 40, 79

ㅍ

파랑나비 28, 106
패랭이꽃 40, 55
팬지 33, 101
펜타스 40, 47
포인세티아 42, 76
포플러잎 24, 60
풀협죽도 31, 48
프란지파니 32, 78
프리지어 36, 100
피튜니아 31, 62

ㅎ

한련 38, 64
해당화 41, 42, 98
해바라기 37, 72
호랑가시나무 39, 112
화살나무 가지 42, 84
히비스커스 38, 49

1, 2, 3

1길 긴뜨기 16
2길 긴뜨기 16-17
3길 긴뜨기 17

저자 및 역자

저자 : 케이틀린 새니오
평생을 코바늘뜨기 애호가로 살아왔습니다. 공학을 전공하였으며, 특히 레이스 실로 섬세한 구조를 뜨는 것을 좋아합니다. 꽃과 눈송이를 비롯해 자연물 패턴을 집중적으로 디자인하고 있습니다.

역자 : 조진경
건국대학교 지리학과를 졸업하고 트랜스쿨 번역과정을 이수하였으며, 다양한 분야에 관심이 많고 특히 경제경영, 실용서를 활발히 번역하였습니다. 엔터스코리아에서 출판기획 및 전문번역가로 활동하고 있습니다. 역서로 《손뜨개 꽃 100송이》《트레이닝 캠프》《니나 가르시아의 룩북》《클린》 《리딩노트》《멋진 수염 가이드》 등이 있습니다.

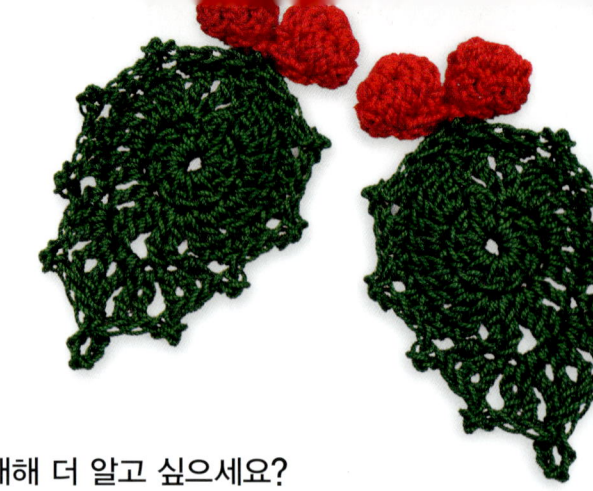

손뜨개에 대해 더 알고 싶으세요?

- **한국손뜨개협회**(www.khka.org)에서는 알아두면 유익한 손뜨개 관련 정보와 기초 뜨개법에 대해 소개하고 있습니다. 또한 자체적으로 운영하는 교육 과정과 손뜨개 관련 자격증인 편물 기술 자격 시험, 편물 강사 자격 시험에 대해서 안내하고 있습니다.

- **손뜨개 관련 인터넷 카페**에 가입하면 손뜨개에 대한 정보를 나누고 서로의 작품을 감상할 수 있습니다. 또한 손뜨개 용품 쇼핑몰에서는 손뜨개에서 필요한 재료와 다양한 뜨개실에 대해 보다 상세한 정보를 얻을 수 있습니다.
  _ 네이버 카페 Knitting
  http://cafe.naver.com/enjoyknit

- 처음 손뜨개를 시작하는 초보자라면 직접 손뜨개를 배울 수 있는 곳을 찾아보세요. 뜨개용품을 파는 뜨개방에서 간단한 뜨개법을 배울 수 있으며, 지역 문화센터에도 손뜨개 강좌가 마련되어 있습니다.